국가공인 한자자격시험 관리기관시행
고양한자급수시험 대비 수험서

최고의 적중률을 자신합니다!

한자 자격시험 7급

교과서 한자어와
연습문제 및 기출문제 수록

펴낸곳 | 주식회사 형민사
지은이 | 국제 어문능력 개발원

www.hanja114.org

형민사

초판 34쇄 | 2025. 11. 01
펴 낸 곳 | 주식회사 형민사
지 은 이 | 국제어문능력개발원
인터넷구매 | www.hanja114.com
구 입 문 의 | TEL.02-736-7693~4, FAX.02-736-7692
주　　　소 | ㉾100-032 서울시 중구 수표로 45, B1 101호(저동2가, 비즈센터)
등 록 번 호 | 제2016-000003호
정　　　가 | 12,000
I S B N | 978-89-91325-35-7 13710

· 이 책에 실린 모든 편집 내용에 대한 저작권은 '주식회사 형민사'에 있으므로 무단으로 복사, 복제할 수 없습니다.
· 파손된 책은 바꾸어 드립니다.

한자자격시험 안내

● 실시 개요
- 주관: 사단법인 한자교육진흥회
- 연 4회 실시(자세한 사항은 홈페이지 www.hanja114.org 참조)
- 응시 자격: 제한없음

● 국가공인 한자자격 취득자 우대
- 자격기본법 제23조 3항에 의거 국가자격 취득자와 동등한 대우 및 혜택
- 정부기관에서 공무원 직무능력 향상의 수단으로 권장
- 육군 간부, 군무원의 인사고과 반영
- 공공기관과 기업체 채용, 보수, 승진과정에서 우대하며 대학의 입학전형에 반영
  ※ 우대 반영 비율 및 세부사항은 기업체 및 각 대학 입시요강에 따름
- 2005학년도 대학수학능력시험부터 '漢文'을 선택과목으로 채택
- 한국방송통신대학교 중어중문학과 졸업논문 대체 인정(1급 이상)
- 대상급수: 사범, 1급, 2급, 3급

● 급수별 요강

급수		공인급수				교양급수							
		사범	1급	2급	3급	준3급	4급	준4급	5급	준5급	6급	7급	8급
평가한자수	계	5,000자	3,500자	2,300자	1,800자	1,350자	900자	700자	450자	250자	170자	120자	50자
	선정한자	5,000자	3,500자	2,300자	1,300자	1,000자	700자	500자	300자	150자	70자	50자	30자
	교과서 작업군별 실용한자어	단문. 한시 등	500단어	500단어	500자 (436단어)	350자 (305단어)	200자 (156단어)	200자 (139단어)	150자 (117단어)	100자 (62단어)	100자 (62단어)	70자 (43단어)	20자 (13단어)
문항수		200	150	100	100	100	100	100	100	100	80	50	50
합격기준		80점	70점	70점	70점	70점	70점	70점	70점	70점	70점	70점	70점
시험시간(분)		120	80	60	60	60	60	60	60	60	60	60	60

※ 교과서 한자어는 3급 이하 급수에서 출제되며, 쓰기문제는 출제되지 않습니다.   ※ 직업군별 실용한자어는 1급과 2급에서 출제됩니다.

● 시험당일 준비 사항
▶ 수험표와 신분증 소지(지참)
▶ 필기구   · 6급 이상: 컴퓨터용 사인펜, 검정볼펜, 수정테이프   · 7급~8급: 연필, 지우개
▶ 고사장 위치 사전 확인
▶ 시험시간 20분 전 입실 완료

책의 짜임 및 활용

01 이 책의 짜임

▶▶ 이 책은 7급 한자자격시험에 출제되는 한자 및 한자어를 학습할 수 있도록 구조화하여 단계적으로 쉽게 익힐 수 있도록 구성하였습니다.

☞ '한자자격시험' 교양한자급수 7급시험을 대비하기 위하여 첫째방, 둘째방, 셋째방으로 구분하여 편집하였습니다.

▶▶ 각 방은 선정한자 익히기, 교과서 한자어 자세히 알기, 재미있는 성어이야기, 마무리 연습문제로 구성되어 있습니다.

▶▶ '선정한자 익히기'에서는 7급 선정한자를 쓰면서 훈·음, 부수, 총 획수 등을 알게 하였고, 또한 유래를 통해 글자의 어원을 알 수 있게 하여 글자에 대한 깊이 있는 이해를 돕고, 쓰임을 제시해 어떻게 그 글자가 쓰이는가를 알도록 하고 있습니다.

▶▶ '교과서 한자어 자세히 알기'에서는 각 과목별 관련 교과서에 등장하는 한자어를 훈·음과 뜻을 익히고, 어떻게 쓰이는지를 알게 하고 있습니다. 이 과정은 자연스럽게 어휘력 신장에도 도움을 주도록 구성되어 있습니다.

▶▶ '재미있는 성어이야기'에서는 한자성어를 통해 한자에 대한 재미를 갖게 하고, 한자와의 친근감을 높임과 동시에 바른 인성을 형성할 수 있도록 하고 있습니다.

▶▶ 각 방의 끝 부분에 배치되어 있는 '마무리 연습문제'는 그 방에서 배운 내용을 총 정리해 볼 수 있도록 하였습니다. 특히 문제의 지문이나 보기 등에 제시된 단어 하나하나까지도 교육적인 의미를 생각하여 배치하였습니다.

▶▶ '부록'으로 연습문제 5회분과 최근 기출문제 6회분을 실어 한자자격시험에 대비할 수 있도록 하였습니다.

02 이 책의 활용

▶▶ '선정 한자 익히기'
· 큰 소리로 훈(뜻)과 음을 읽으면서 필순을 지켜 써보세요!
· 제시된 빈 칸 수만큼 쓰다 보면 저절로 한자를 익힐 수 있습니다.

▶▶ '교과서 한자어 자세히 알기'
· 제시된 단어를 큰 소리로 읽고, 훈과 음을 읽은 후 풀이말을 몇 차례 읽어봅니다.
· 그리고 쓰임을 읽으면서 빈 칸에 한자어를 정자로 또박 또박 써 나갑니다.

▶▶ '재미있는 성어이야기'
제시된 한자성어를 읽고 이어서 각 글자의 훈과 음을 읽어 본 다음, 그 뜻을 감상해 봅니다.

▶▶ '마무리 연습문제'
각 단계의 끝 부분에 주관식과 객관식의 20문제가 함께 섞여 구성된 평가 문항입니다. 이 문제들을 풀어보면서 앞에서 배운 한자와 한자어 등을 다시 생각해 보고, 혹 잘 모르는 문제가 있다면 본문을 다시 살펴서 완전히 익히고 다음 단계로 넘어가기 바랍니다.

※ 참고문헌: 이재전/ "최신 한자교본"/도서출판 에코노미, 2002.
장형식/ "부수해설"/ "주식회사" 형민사, 2000.
홍순필/ "한선문신옥편 - 정음옥편 한글판"/보문관, 1917.
"大漢韓辭典"/교학사, 1998. 등

재미나는 한자공부
무엇을 배울까요?

7급

▣ 책의 짜임 및 활용 ······················· 04

▣ 한자공부의 길잡이 ······················· 08
- 한자의 3요소 · 08
- 한자의 짜임 · 08
- 한자의 필순 · 11
- 모르는 한자는 어떻게 찾아야 할까? · 12

◉ 첫째방 ······················· 17
- 1-1 선정 한자 익히기 · 20
- 1-2 교과서 한자어 자세히 알기 · 24
- 1-3 재미있는 성어이야기 · 29
- 1-4 마무리 연습문제 · 30

☀ 둘째방 · 31

- 2-1 선정 한자 익히기 · 34
- 2-2 교과서 한자어 자세히 알기 · 38
- 2-3 재미있는 성어이야기 · 42
- 2-4 마무리 연습문제 · 43

☁ 셋째방 · 45

- 3-1 선정 한자 익히기 · 48
- 3-2 교과서 한자어 자세히 알기 · 51
- 3-3 재미있는 성어이야기 · 57
- 3-4 마무리 연습문제 · 58

■ 연습문제 (7회분) · 59

♠ 기출문제 (5회분) · 89

★ 모범답안 · 105

한자공부의 길잡이

● 한자의 3요소

한자는 글자마다 고유한 모양 形 과 소리 音 와 뜻 義 을 가지고 있는데 이를 한자의 요소라고 한다

모양(形)	人	火	木	石
소리(音)	인	화	목	석
뜻 (義)	사람	불	나무	돌

● 한자의 짜임(육서)

상형자 象形字 사물의 모양을 본떠서 만든 한자
예 日 山 月 水 木……

➡ 해의 모양을 본뜬 글자로, '해' 또는 '날'의 뜻으로 사용됨

➡ 산의 모양을 본뜬 글자로, '산'의 뜻으로 사용됨

지사자 指事字 눈에 보이지 않는 추상적인 개념을 점이나 선과 같은 기호로써 만든 한자 예 上 本 天 一 二 中 下……

➡ 기준이 되는 선 위에 점을 찍어 '위'의 뜻을 나타냄

➡ 나무의 뿌리 부분에 점을 찍어 '뿌리', 곧 '근본'이라는 뜻을 나타냄

➡ 나무의 가지 끝 부분에 점을 찍어 '끝'이라는 뜻을 나타냄

회의자 會意字   이미 만들어진 글자들의 뜻과 뜻이 합쳐져서 만들
              어진 새로운 뜻을 나타내는 한자
         예 好 休 林 友 分……

   女 + 子 = 好
                       녀   자   호
                      여자 아들 좋아하다

어머니 女 가 아이 子 를 안고
'좋아하다'라는 뜻을 나타냄

 ── 木
                      나무 ──

人 + 木 = 休   木 + 木 = 林
인   목   휴   목   목   림
사람 나무 쉬다   나무 나무 수풀

사람이 나무에 기대어 쉬다   나무가 많다는 의미로 '숲'을 뜻함

형성자 形聲字   이미 만들어진 글자를 가지고 '뜻'을 나타내는 글
              자와 '소리'를 나타내는 글자를 결합하여 만들어
              진 새로운 '뜻'과 '소리'를 지닌 한자
         예 村 功 景 江 成 花 草……

木 + 寸 = 村   → '나무'라는 뜻과 '촌'이라는 소리가
뜻 나무 소리 촌 마을촌   결합하여 새로운 글자가 됨

力 + 工 = 功   → '힘'이라는 뜻과 '공'이라는 소리가
뜻 힘 소리 공 공로공   결합하여 새로운 글자가 됨

日 + 京 = 景   → '해'라는 뜻과 '경'이라는 소리가 결
뜻 해 소리 경 볕경   합하여 새로운 글자가 됨

한자공부의 길잡이

전주자 轉注字 이미 만들어진 글자를 가지고 보다 많은 다른 뜻으로 사용하기 위한 글자 뜻을 옮기면서 새로운 음을 갖는 글자라고 할 수 있습니다 예 樂 惡 更……

한자	본래의 의미		달라진 의미	
	뜻	음	뜻	음
樂	풍류	악	즐거울 좋아할	락 요
惡	악할	악	미워할	오
更	고칠	경	다시	갱

가차자 假借字 '가차'라는 말은 '빌어다 쓴다'는 뜻입니다 원래의 뜻과 상관없이 음 音 만을 빌어 쓰게 되는데 이러한 문자를 '가차자'라고 합니다 예 亞細亞 美國 印度……

외국어	소리글자 표음문자	뜻글자 표의문자
	한글	한자
	아시아	아세아 亞細亞
	아메리카	미국 美國
	인디아	인도 印度

●한자의 필순(筆順)

 한자의 획이란 글자의 선과 점을 말합니다 하나의 글자를 이루는 획을 합한 것을 '총획수'라고 하며 획을 써나가는 순서를 필순 또는 획순이라 하는 데 이는 글자를 쓰는 순서를 말합니다 한자는 이 필순에 따라 써야 쓰기가 쉽고 글자모양도 아름답습니다

❋ 필순의 기본원칙은 아래와 같다

↓ 위에서 아래로	三 ー 二 三
→ 왼쪽에서 오른쪽으로	川 丿 丿丨 川
가로획과 세로획이 엇갈릴 때는 가로획을 먼저	十 一 十
좌우가 같은 모양이면 가운데부터	小 亅 小 小
둘러싼 글자는 '가장자리'부터	回 丨 冂 冂 回 回 回
세로로 꿰뚫은 획은 나중에	中 丨 冂 口 中
독립자로 쓰이는 자는 받침을 먼저 독립자로 쓰이지 않는 자는 받침을 나중에 쓴다	① 먼저 土 耂 耂 走 起 起 ② 나중 丷 丷 丷 首 首 道

● 이상은 일반적 원칙만을 서술한 것이니 보다 자세한 내용은 선생님께 여쭈어 봅시다

한자공부의 길잡이

● 모르는 한자는 어떻게 찾아야 할까?

국어나 영어를 공부할 때 모르는 단어가 나오면 사전을 찾듯이 한자(漢字)는 자전에서 찾아야 합니다.

▶ 자전(字典)=[옥편(玉篇)]이란 무엇인가?

'자전'이란, 한자를 부수와 획수에 따라 차례대로 배열하여 글자의 소리와 뜻을 우리말로 풀이해 놓은 '한자사전'으로 '옥편'이라고도 합니다.

▶ 부수(部首)란 무엇인가?

자전을 보면, 한자를 쉽고 빠르게 찾을 수 있도록 공통점이 있는 한자끼리 묶어 놓았는데, 공통적으로 들어가는 기본글자를 부수라고 합니다. 부수를 알면 자전을 찾을 때 편리할 뿐만 아니라 한자의 뜻을 쉽게 파악할 수 있습니다.

부수로 쓰이는 기본 글자는 모두 214자입니다.

 모르는 한자(漢字) 찾기

1. '부수 색인'을 이용한 한자 찾기

> '安' 자를 찾아 볼까요?

① 安 자는 어떤 부수에서 찾아야 할까요?
   安 자는 宀과 女로 된 회의 문자입니다. 부수색인표에서 宀과 女를 찾아보세요.
   ※ 부수색인표는 자전의 맨 앞장과 맨 뒷장에 있습니다.

   우선 女(계집 녀)를 부수로 하는 한자들을 살펴볼까요?
② 女를 부수로 하는 한자들에는 安 자가 없네요.

   그러면 다음으로 宀(집 면)을 부수로 하는 한자들을 살펴볼까요?
③ 아! 安(편안할 안) 자가 여기 있네요.

2. '총획 색인'을 이용한 한자 찾기

> '校' 자를 찾아 볼까요?

① 校 자는 총 몇 획으로 쓰였을까요?
하나, 둘, 셋, 넷……. 아! 총 10획으로 쓰였네요. 그러면 자전의 뒤쪽 부록에 있는 '총획 색인'을 살펴봐요.

② '10'획에서 校 자를 찾았나요?
그럼 校 자의 오른쪽에 있는 페이지를 따라가 봅시다.

③ 아! 校(학교 교) 자가 여기 있네요.

3. '자음 색인'을 이용한 한자 찾기

> '先' 자를 찾아 볼까요?

① 先 자의 '음'은 무엇일까요?
바로 '선'입니다. 그러면 자전의 뒤쪽 부록에 있는 '자음 색인'을 살펴봐요.

② '선'에서 先 자를 찾았나요?
그럼 先 자의 오른쪽에 있는 페이지를 따라가 봅시다.

③ 아! 先(먼저 선) 자가 여기 있네요.

한자 공부의 길잡이

선정한자 일람표

8급 선정한자 (30자)

한자	훈	음
一	한	일
二	두	이
三	석	삼
四	넉	사
五	다섯	오
六	여섯	륙(육)
七	일곱	칠
八	여덟	팔
九	아홉	구
十	열	십
日	날	일
月	달	월
火	불	화
水	물	수
木	나무	목
上	윗	상
中	가운데	중
下	아래	하
父	아버지	부
母	어머니	모
王	임금	왕
子	아들	자
女	계집	녀
口	입	구
土	흙	토
山	메	산
門	문	문
小	작을	소
人	사람	인
白	흰	백
入	들	입
自	스스로	자
足	발	족
川	내	천
千	일천	천
天	하늘	천
出	날	출
兄	맏	형

7급 선정한자 (20자)

한자	훈	음
江	강	강
工	장인	공
金	쇠	금
男	사내	남
力	힘	력
立	설	립
目	눈	목
百	일백	백
生	날	생
石	돌	석
手	손	수
心	마음	심

음과 뜻이 여럿인 한자

〈7급〉

金	쇠	금
	성	김

7급 교과서 한자어 일람표

계산	計算	선	線	장면	場面
계획	計劃	선심	善心	정리	整理
교실	敎室	시	詩	정직	正直
규칙	規則	시간	時間	정확	正確
모형	模型	시계	時計	준비	準備
문법	文法	식	式	중요	重要
민속	民俗	신호	信號	질문	質問
발음	發音	실감	實感	체육	體育
방법	方法	안전	安全	체험	體驗
배열	配列	역할	役割	학년	學年
변	邊	오전	午前	학습	學習
부호	符號	오후	午後	환경	環境
분명	分明	원	圓	활동	活動
삼각형	三角形	자세	姿勢		
상상	想像	자연	自然		

나는 누구일까요?

이름 — 한글 / 한자

태어난 날 _____ 년(年) _____ 월(月) _____ 일(日) (양력, 음력)

나의 꿈 _____

첫째방

1-1 선정한자 익히기

1-2 교과서 한자어 자세히 알기

1-3 재미있는 성어 이야기

1-4 마무리 연습 문제

새로 익힐 선정한자

百 일백 백   自 스스로 자
千 일천 천   立 설 립
手 손 수   石 돌 석
足 발 족

교과서에 나오는 한자어

학습	學習	안전	安全
학년	學年	준비	準備
선심	善心	자세	姿勢
정직	正直	중요	重要
활동	活動	정리	整理
규칙	規則	정확	正確
교실	敎室	체육	體育

선정한자 익히기

일백 백

필순 一 一 丆 丆 百 百　　**부수** 白　　**총획** 6획

유래 '一(한 일)'과 '白(흰 백)'을 더한 글자로, 모든 머리카락이 하얗게 센 사람은 나이가 거의 백 살에 가까워졌다는 데서 '일백'의 뜻을 지닌다.

쓰임 百人(백인): 백 명의 사람.
百方(백방): 여러가지 방법.
百日(백일): 아기가 태어난지 백 번째 되는 날.

일천 천

필순 一 二 千　　**부수** 十　　**총획** 3획

유래 '人(사람 인)'과 '十(열 십)'이 더해진 글자로, 사람이 두 손을 들어 10을 세 번 곱하는 것을 나타내는 것으로 1,000을 뜻한다.

쓰임 千石(천석): 벼 천섬.
千方(천방): 천 가지의 방법.
千金(천금): 많은 돈이나 비싼 값을 비유함.

손 수

필순 ノ 二 三 手
부수 手　**총획** 4획

유래 손의 모양을 본떠 만든 글자.

쓰임 手法(수법): 수단과 방법.
手上(수상): 손위(자기 보다 위).
手下(수하): 손아래(자기 보다 아래).

발 족

필순 丨 口 口 卩 무 足
부수 足　**총획** 7획

유래 정강이에서 발가락까지의 모양을 본떠 만든 글자.

쓰임 手足(수족): 손과 발.
自足(자족): 스스로 만족함.
足下(족하): 발 아래, 같은 또래 사이에서 상대편을 높여 이르는 말.

선정한자 익히기

선정한자 익히기

自
스스로 자

- **필순** ′ 丨 冂 冃 自 自
- **부수** 自
- **총획** 6획
- **유래** 사람의 코의 모양을 본뜬 글자로, 나아가 코를 가리키며 자기를 나타낸다 하여 '자기, 스스로'의 뜻을 지닌다.
- **쓰임** 自動(자동): 스스로 움직임.
  自力(자력): 자기 혼자의 힘.
  自立(자립): 남에게 의지하지 아니하고 자기 힘으로 해 나감.

立
설 립

- **필순** ′ 亠 亠 立 立
- **부수** 立
- **총획** 5획
- **유래** '人(사람 인)'과 '一(한일-땅을 뜻하는 글자)'이 더해진 글자로, 사람이 땅 위에 서 있는 모습을 나타낸 것으로 '서다'의 뜻을 지닌다.
- **쓰임** 王立(왕립): 왕이 세움.
  立法(입법): 법률을 제정함.
  中立(중립): 어느 쪽에도 치우치지 않고 공정함.

필순 一ア ア 石 石　　　**부수** 石　　**총획** 5획

유래 'ㄏ(언덕)'과 'ㅁ(돌멩이)'를 본떠 만든 글자로, 언덕 아래에 있는 돌멩이의 모양을 본뜬 글자.

쓰임 石山(석산): 돌산.
石門(석문): 돌로 만든 문.
石工(석공), 石手(석수): 돌을 전문으로 세공하는 사람.

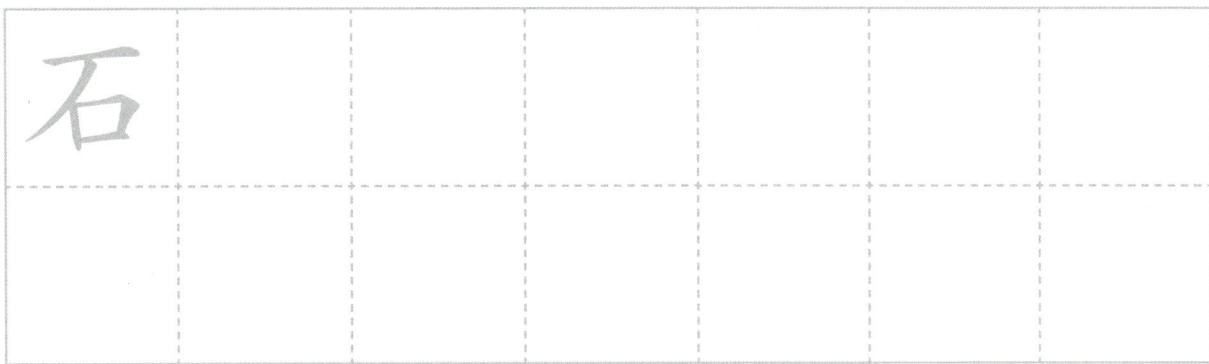

교과서 한자어 자세히 알기

學習
- **훈음**: 배울 **학**, 익힐 **습**
- **풀이**: 배우고 익힘.
- **쓰임**: 學習 활동의 이야기를 잘 읽어 봅시다.

學習
학습

學年
- **훈음**: 배울 **학**, 해 **년**
- **풀이**: 일년간의 학습과정의 단위.
- **쓰임**: 나는 1學年 별님반입니다.

學年
학년

善心
- **훈음**: 착할 **선**, 마음 **심**
- **풀이**: 착한 마음.
- **쓰임**: 우리는 불쌍한 사람을 돕는 善心을 가져야 합니다.

善心
선심

正直

- **훈음**: 바를 **정**, 곧을 **직**
- **풀이**: 거짓이나 꾸밈이 없이 마음이 바르고 곧음.
- **쓰임**: 나는 거짓말하지 않는 正直한 어린이가 되려고 합니다.

正	直			
정	직			

活動

- **훈음**: 살 **활**, 움직일 **동**
- **풀이**: 힘차게 몸이나 생각을 움직임.
- **쓰임**: 오늘은 야외에서 活動하기에 좋은 날입니다.

活	動			
활	동			

規則

- **훈음**: 법 **규**, 법칙 **칙**
- **풀이**: 어떤 일을 할 때, 여럿이 다 같이 따라 지키기로 약속한 것.
- **쓰임**: 학교 생활에서는 規則을 잘 따라야 합니다.

規	則			
규	칙			

교과서 한자어 자세히 알기

教室

- **훈음**: 가르칠 **교**, 집 **실**
- **풀이**: 학교에서 주로 수업에 쓰는 방.
- **쓰임**: 教室에서는 뛰어다니면 안 됩니다.

安全

- **훈음**: 편안할 **안**, 온전할 **전**
- **풀이**: 위험하지 않음. 위험이 없음, 또는 그러한 상태.
- **쓰임**: 항상 安全한 길로만 다닙시다.

準備

- **훈음**: 준할 **준**, 갖출 **비**
- **풀이**: 미리 갖추어 놓음.
- **쓰임**: 수업 전에 미리 공부할 準備를 마칩시다.

姿勢

- **훈음**: 모양 **자**, 기세 **세**
- **풀이**: 몸을 가누는 모양.
- **쓰임**: 항상 바른 姿勢로 앉습니다.

姿	勢				
자	세				

重要

- **훈음**: 무거울 **중**, 구할 **요**
- **풀이**: 귀하고 요긴함.
- **쓰임**: 남의 물건도 重要하게 여겨야 합니다.

重	要				
중	요				

整理

- **훈음**: 가지런할 **정**, 다스릴 **리**
- **풀이**: 가지런하게 바로 잡음.
- **쓰임**: 내가 쓴 물건은 내가 整理합니다.

整	理				
정	리				

교과서 한자어 자세히 알기

正確

- **훈음**: 바를 정, 굳을 확
- **풀이**: 바르고 확실함.
- **쓰임**: 글을 쓸 때는 正確하고 바르게 씁니다.

體育

- **훈음**: 몸 체, 기를 육
- **풀이**: 건강한 몸과 운동 능력을 기르는 일.
- **쓰임**: 體育 시간에는 운동복을 입습니다.

타산지석(他山之石)

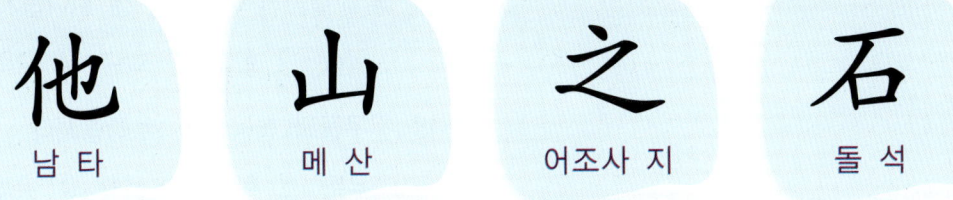

他	山	之	石
남 타	메 산	어조사 지	돌 석

'타산지석'이라는 말은 '남의 산에 있는 돌도 나의 구슬을 다듬는 데 쓰이듯 남의 하찮은 말과 행동이라도 자기의 발전에 도움이 된다.'는 뜻입니다. 이 말은 옛날 중국의 "시경(詩經)"이라는 여러 가지 시를 엮어 놓은 책에서 나온 말입니다. 그 시를 감상해 봅시다.

즐거운 저 동산에는 / 박달나무 심겨 있고 / 그 밑에는 닥나무 있네 /
다른 산의 돌이라도 / 이로써 옥을 갈 수 있네.

백발백중(百發百中)

百	發	百	中
일백 백	쏠 발	일백 백	맞힐 중

아주 오랜 옛날 중국의 '초나라'에 활을 매우 잘 쏘는 '양유기'라는 사람이 살고 있었습니다. 그는 백 걸음이나 떨어진 곳에서 가느다란 버드나무 잎을 쏘는데, 백 번 쏘아도 언제나 명중이었습니다. 이를 지켜본 수천 명의 백성들은 '백발백중'이라면서 그의 활솜씨를 칭찬했습니다.

"푸는 문제마다 정답을 찾아내니, 과연 '백발백중'이구나."

첫째방 마무리 연습문제

● 다음 한자의 훈(뜻)과 음(소리)을 쓰세요. (1~7)

1. 手 (　　　　　)

2. 足 (　　　　　)

3. 自 (　　　　　)

4. 百 (　　　　　)

5. 千 (　　　　　)

6. 石 (　　　　　)

7. 立 (　　　　　)

● 다음 글을 읽고 밑줄 친 낱말이 뜻하는 한자를 〈보기〉에서 골라 번호를 쓰세요. (8~11)

> 동네 입구에는 돌⁽⁸⁾로 된 비석이 세워⁽⁹⁾져 있었고 그 옆에는 백⁽¹⁰⁾년이 넘었다는 은행나무가 스스로⁽¹¹⁾ 제 모습을 뽐내고 있었다.

보기　① 立　② 百　③ 自　④ 石

8. (　　　　　)

9. (　　　　　)

10. (　　　　　)

11. (　　　　　)

● 다음 문장의 한자어를 바르게 읽은 독음을 골라 번호를 쓰세요. (12~17)

12. 學習활동의 이야기를 잘 읽어봅시다. (　　)
    ① 학습　② 학교　③ 학년　④ 오락

13. 친구들과 협동하며 活動합시다. (　　)
    ① 운동　② 활동　③ 생활　④ 공부

14. 남의 물건도 重要하게 여겨야 합니다. (　　)
    ① 주의　② 조심　③ 중요　④ 소중

15. 수업 전에 미리 準備를 마칩시다. (　　)
    ① 예습　② 숙제　③ 운동　④ 준비

16. 글을 쓸 때는 正確하고 바르게 씁시다. (　　)
    ① 정확　② 정직　③ 정리　④ 정성

17. 항상 安全한 길로만 다닙니다. (　　)
    ① 편안　② 안전　③ 평탄　④ 청소

● 다음 질문에 알맞는 답을 〈보기〉에서 골라 번호를 쓰세요. (18~20)

보기　① 足　② 子　③ 千　④ 立

18. '手'와 뜻이 반대인 한자를 고르세요. (　　)

19. '自'와 소리가 같은 한자를 고르세요. (　　)

20. '百'의 열 배인 한자를 고르세요. (　　)

첫째방 정답 (43쪽으로)

정답 (셋째방)

1. 강 강　　2. 사내 남　　3. 맏 형
4. 하늘 천　5. 쇠 금/성 김　6. 눈 목
7. 天生　8. 江山　9. 天心　10. 男女　11. 千金
12. ①　13. ②　14. ②　15. ④　16. ①
17. ②　18. ②　19. ④　20. ③

둘째방

2-1 선정한자 익히기

2-2 교과서 한자어 자세히 알기

2-3 재미있는 성어 이야기

2-4 마무리 연습 문제

새로 익힐 선정한자

生 날 생
心 마음 심
出 날 출
入 들 입

工 장인 공
力 힘 력
川 내 천

교과서에 나오는 한자어

발음	發音	장면	場面
질문	質問	실감	實感
분명	分明	체험	體驗
시	詩	역할	役割
문법	文法	민속	民俗
상상	想像		

선정한자 익히기

生 날 생

- **필순**: ノ ㅏ ㄷ 牛 生
- **부수**: 生
- **총획**: 5획
- **유래**: 새싹이 땅 위에 솟은 모양을 본뜬 글자.
- **쓰임**:
  - 生日(생일): 태어난 날.
  - 生動(생동): 살아서 생기있게 움직임.
  - 生水(생수): 끓이거나 소독하지 않은 맑은 샘물.

心 마음 심

- **필순**: 心 心 心
- **부수**: 心
- **총획**: 4획
- **유래**: 심장의 모양을 본떠 만든 글자로, 마음은 심장에서 우러나온다 하여 '마음'의 뜻을 지닌다.
- **쓰임**:
  - 心中(심중): 마음 속.
  - 心事(심사): 마음속으로 생각하는 일.

出 날 출

필순: 丨 ㄐ 屮 出 出　　**부수**: 凵　　**총획**: 5획

유래: '屮(싹날 철)'과 '凵(입벌릴 감)'을 더한 글자로, 초목의 싹이 자라서 밖으로 나온다는 데서 '나가다'의 뜻을 지닌다.

쓰임:
出口(출구): 나가는 어귀.
出入(출입): 나가고 들어옴.
出生(출생): 태아가 모태 밖으로 나아가 세상에 태어남.

入 들 입

필순: 丿 入　　**부수**: 入　　**총획**: 2획

유래: 하나의 줄기 밑에 뿌리가 갈라져 땅 속으로 뻗어가는 모양을 본뜬 글자.

쓰임:
入口(입구): 들어가는 문(어귀).
入學(입학): 학교에 정식으로 들어감.
入力(입력): 문자나 숫자를 컴퓨터가 기억하게 하는 일.

선정한자 익히기

工
장인 공

- 필순: 一 T 工
- 부수: 工
- 총획: 3획
- 유래: 물건을 만드는 장인이 사용하는 자의 모양을 본뜬 글자.
- 쓰임:
  - 工夫(공부): 학문을 배우고 익힘.
  - 石工(석공): 돌을 다루어 물건을 만드는 사람.
  - 木工(목공): 나무를 다루어 물건을 만드는 사람.

力
힘 력

- 필순: ㄱ 力
- 부수: 力
- 총획: 2획
- 유래: 물건을 힘껏 들고 있는 사람의 팔 근육의 모양을 본떠 만든 글자.
- 쓰임:
  - 水力(수력): 물의 힘.
  - 火力(화력): 불의 힘.
  - 人力(인력): 사람의 힘.

필순 ノ 刂 川

유래 물이 흐르는 모양을 본뜬 글자.

쓰임 山川(산천): 산과 내.

부수 巛(川) **총획** 3획

川

교과서 한자어 자세히 알기

發音
- **훈음**: 쏠 **발**, 소리 **음**
- **풀이**: 소리내는 일이나 그 소리.
- **쓰임**: 정확한 發音으로 따라 읽읍시다.

質問
- **훈음**: 바탕 **질**, 물을 **문**
- **풀이**: 물어 보는 것.
- **쓰임**: 혼자 풀기 어려운 문제가 있으면 선생님께 質問합니다.

分明
- **훈음**: 나눌 **분**, 밝을 **명**
- **풀이**: 틀림없이 확실하게.
- **쓰임**: 글씨는 分明하게 또박또박 씁니다.

詩

- **훈음**: 글 / 시 **시**
- **풀이**: 감정이나 생각을 리듬있게 쓴 글.
- **쓰임**: 다음 詩를 읽고 어떤 느낌이 드는지 말해 봅시다.

文法

- **훈음**: 글월 **문**, 법 **법**
- **풀이**: 말소리나 단어, 문장, 어휘 등에 관한 일정한 규칙.
- **쓰임**: 바른 글을 쓰려면 文法을 알아야 합니다.

想像

- **훈음**: 생각 **상**, 모양 **상**
- **풀이**: 머릿 속으로 그려서 생각함.
- **쓰임**: 우주의 모습을 想像하여 그림으로 표현합시다.

교과서 한자어 자세히 알기

場面
- 훈음: 마당 **장**, 얼굴 **면**
- 풀이: 어떤 장소에서 벌어진 광경.
- 쓰임: 이야기에 나오는 場面 중 가장 슬픈 것은 무엇인가요?

實感
- 훈음: 실제 **실**, 느낄 **감**
- 풀이: 생생한 느낌.
- 쓰임: 봄의 느낌을 實感나게 표현한 단어를 찾아 봅시다.

體驗
- 훈음: 몸 **체**, 증험할 **험**
- 풀이: 몸소 경험함, 또는 그 경험.
- 쓰임: 방학 동안 體驗한 것들을 그림으로 표현합시다.

役割

- 훈음: 부릴 **역**, 나눌 **할**
- 풀이: 나누어 맡은 구실.
- 쓰임: 다음 이야기를 役割을 나누어 읽어 봅시다.

役 割
역 할

民俗

- 훈음: 백성 **민**, 풍속 **속**
- 풀이: 사람들 사이에 내려오는 풍속.
- 쓰임: 설날의 民俗놀이에는 어떤 것이 있을까요?

民 俗
민 속

🟢 견물생심(見物生心)

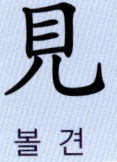   

'좋은 물건을 보면 누구나 그것을 가지고 싶은 마음이 생긴다.'는 뜻입니다. 욕심은 사람이라면 누구나 갖고 있는 것인데요, 그렇다고 해서 자신의 물건이 아닌 것을 함부로 갖거나 사용하면 안됩니다. 견물생심이라는 말은 바로 욕심을 조심하자는 뜻으로 많이 쓰입니다.

"견물생심이라지만, 네 것이 아닌 물건은 욕심이 나더라도 함부로 가져와서는 안 된다."

🟢 작심삼일(作心三日)

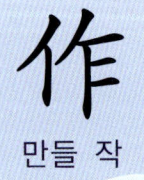  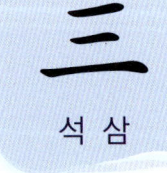 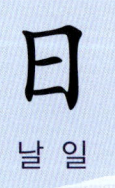

'굳게 먹은 마음이 삼일을 못 간다.'라는 우리말 속담과 같은 한자성어입니다. 사람의 마음이란 쉽게 변하는 것이고, 바위 같은 굳은 결심도 끝까지 지켜내기란 어려운 것이나, 항상 결심을 할 때는 좀 더 굳은 의지로 자기의 다짐을 되새김 할 필요가 있다는 지혜를 알려줍니다.

"작심삼일이라지만, 작심백일, 천일, 만일이 되도록 열심히 노력해야 성공할 수 있단다."

둘째방 마무리 연습문제

● 다음 한자의 훈(뜻)과 음(소리)을 쓰세요. (1~7)

1. 生 (　　　　　　)

2. 心 (　　　　　　)

3. 出 (　　　　　　)

4. 入 (　　　　　　)

5. 工 (　　　　　　)

6. 力 (　　　　　　)

7. 川 (　　　　　　)

● 다음에 주어진 뜻에 해당하는 한자어를〈보기〉의 한자를 활용하여 쓰세요. (8~11)

보기
出　日　入　自　力　口　生

8. 태어난 날.　　　　　　　　　　(　　　)

9. 자기 혼자의 힘.　　　　　　　　(　　　)

10. 밖으로 나가는 통로.　　　　　　(　　　)

11. 컴퓨터가 문자나 숫자를 기억 하게 하는 일.
　　　　　　　　　　　　　　　　(　　　)

● 다음 문장의 한자어를 바르게 읽은 독음을 골라 번호를 쓰세요. (12~17)

12. 혼자 하기 어려운 것은 선생님께 質問합니다.
　　　　　　　　　　　　　　　　(　　　)
① 질문 ② 발문 ③ 부탁 ④ 발음

13. 이야기에 나오는 場面 중 가장 슬픈 것은 무엇인가요?　　　　　　　　　　(　　　)
① 인물 ② 도장 ③ 장면 ④ 사물

14. 방학 동안 體驗한 것들을 그림으로 표현합시다.
　　　　　　　　　　　　　　　　(　　　)
① 주의 ② 체험 ③ 관찰 ④ 실험

15. 바른 글을 쓰려면 文法을 알아야 합니다.
　　　　　　　　　　　　　　　　(　　　)
① 문단 ② 문법 ③ 단락 ④ 동화

16. 우주의 모습을 想像하여 그림으로 표현합시다.
　　　　　　　　　　　　　　　　(　　　)
① 관찰 ② 상상 ③ 공상 ④ 관측

17. 설날의 民俗놀이에는 무엇이 있을까요?
　　　　　　　　　　　　　　　　(　　　)
① 전통 ② 풍속 ③ 민속 ④ 민간

● 다음 질문에 알맞는 답을 〈보기〉에서 골라 번호를 쓰세요. (18~20)

보기
① 川　② 出　③ 心　④ 工

18. '千'자와 소리가 같은 한자를 고르세요. (　　　)

19. '마음'이라는 뜻을 가진 한자를 고르세요. (　　　)

20. '入'과 뜻이 반대인 한자를 고르세요. (　　　)

둘째방 정답 (58쪽으로)

정 답 (첫째방)
1. 손 수　2. 발 족　3. 스스로 자
4. 일백 백　5. 일천 천　6. 돌 석　7. 설 립
8. ④　9. ①　10. ②　11. ③　12. ①
13. ②　14. ②　15. ④　16. ①　17. ②
18. ①　19. ②　20. ③

잠깐 쉬어가기

※다음 도움상자를 이용하여 퍼즐의 가로열쇠와 세로열쇠에 맞는 한자어를 만들어 봅시다.

「도움상자」
三 方 父 人 心 角 口 然 子 計 生 五
自 形 王 四 手 法 時 算 善 日 母 足

■ 가로열쇠
② 어떤 목적을 이루기 위하여 취하는 수단이나 방식
③ 시간을 재거나 시각을 나타내는 기계
⑥ 사람의 마음
⑧ 세 개의 선분으로 둘러싸인 평면 도형
⑨ 사람이 만들지 않고 스스로 생겨난 것
⑩ 손발
⑪ 세상에 태어난 날
⑫ 아버지와 어머니
⑬ 임금의 아들

■ 세로열쇠
① 동·서·남·북 네 방위를 통틀어 이르는 말
④ 수를 헤아림
⑤ 선량한 마음
⑥ 일정한 지역에 사는 사람의 수
⑦ 서너 사람 또는 대여섯 사람이 떼를 지어 다니거나 무슨 일을 하는 모양
⑨ 스스로 넉넉함을 느낌
⑪ 친어머니
⑫ 아버지와 아들

정답

	四	時	計		善	
	方	法		算	人	心
三					口	
三	角	形		自	然	
五			手	足		生	日
五					父	母	
				王	子		

새로 익힐 선정한자

男 사내 남   天 하늘 천
兄 맏 형   江 강 강
金 쇠 금, 성 김   目 눈 목

교과서에 나오는 한자어

모형	模型	계획	計劃
배열	配列	시간	時間
삼각형	三角形	식	式
원	圓	오전	午前
부호	符號	오후	午後
신호	信號	선	線
변	邊	방법	方法
계산	計算	환경	環境
시계	時計	자연	自然

선정한자 익히기

男
사내 남

- 필순: 丨冂田田甲男男
- 부수: 田
- 총획: 7획
- 유래: '田(밭 전)'과 '力(힘 력)'을 더한 글자로, 밭에 가서 힘써 일하는 사람이 남자라는 데서 '남자'의 뜻을 지닌다.
- 쓰임: 男子(남자): 남성인 사람.
  男女(남녀): 남자와 여자.
  男學生(남학생): 남자 학생.

兄
맏 형

- 필순: 丨口口尸兄
- 부수: 儿
- 총획: 5획
- 유래: 'ㅁ(입 구)'와 '儿(어진사람 인)'을 더한 글자로, 어진 말을 하는 사람은 어른이라는 데서 '맏이'를 뜻한다.
- 쓰임: 兄弟(형제): 형과 아우.
  兄夫(형부): 언니의 남편.

쇠 금, 성 김

필순 ノ 人 ハ 仐 仐 余 金 金　　부수 金　　총획 8획

유래 '今(이제 금-덮은 모양을 나타내는 글자)'과 '土'와 광석을 나타내는 점 두 개를 더해 만든 글자로, 땅속에 묻혀 있는 빛나는 광석인 금을 뜻하는 글자

쓰임 金石(금석): 쇠붙이와 돌.
入金(입금): 돈이 들어오는 일.
千金(천금): 많은 돈이나 비싼 값을 비유하는 말.

하늘 천

필순 一 二 テ 天　　부수 大　　총획 4획

유래 '大(큰 대)'와 '一(한 일)'을 더한 글자로, 사람(大)의 머리 위에 하늘(一)이 있다 하여 '하늘'의 뜻을 지닌다.

쓰임 天生(천생): 하늘에서 타고 난 것.
天心(천심): 하늘의 뜻, 하늘의 한 가운데.
天子(천자): 천제의 아들, 천명을 받아 천하를 다스리는 사람.

선정한자 익히기

강 강

- **필순**: 丶丶氵氵江江
- **부수**: 水(氵) **총획**: 6획
- **유래**: '水(氵물 수)'와 '工(장인 공)'을 더한 글자로, 원래는 중국의 장강을 뜻하는 한자로 후에 '강'의 뜻을 지닌다.
- **쓰임**: 江水(강수): 강물.
  江山(강산): 강과 산.

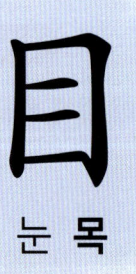
눈 목

- **필순**: 丨冂月目目
- **부수**: 目 **총획**: 5획
- **유래**: 사람의 눈 모양을 본뜬 글자.
- **쓰임**: 目見(목견): 눈으로 봄.
  目下(목하): 눈아래, 눈앞에.

교과서 한자어 자세히 알기

模型

- **훈음** 본뜰 **모**, 틀 **형**
- **풀이** 똑같은 모양의 물건을 만들기 위한 틀.
- **쓰임** 다음 模型들 중에서 같은 종류끼리 나눠 봅시다.

模	型					
모	형					

配列

- **훈음** 짝 **배**, 벌일 **렬(열)**
- **풀이** 일정한 차례나 간격으로 죽 벌여 놓음.
- **쓰임** 숫자들을 순서대로 配列해 봅시다.

配	列					
배	열					

三角形

- **훈음** 석 **삼**, 뿔 **각**, 모양 **형**
- **풀이** 모서리가 세 개인 모양.
- **쓰임** 三角形을 가지고 집을 그려 봅시다.

三	角	形				
삼	각	형				

교과서 한자어 자세히 알기

圓
- **훈음**: 둥글 **원**
- **풀이**: 동그라미, 원.
- **쓰임**: 圓 안에 친구의 얼굴을 그려 봅시다.

符號
- **훈음**: 부호 **부**, 이름 **호**
- **풀이**: 어떤 뜻을 나타내는 기호.
- **쓰임**: 다음 符號들의 뜻을 알아봅시다.

信號
- **훈음**: 믿을 **신**, 이름 **호**
- **풀이**: 소리, 색깔, 빛, 모양 따위의 일정한 부호로 의사를 전달하는 일.
- **쓰임**: 信號등 앞에서는 초록불이 켜질 때까지 기다립니다.

邊	훈음	가장자리 **변**
	풀이	어떤 것의 가장자리.
	쓰임	삼각형의 邊은 세 개입니다.

計算	훈음	셀 **계**, 셀 **산**
	풀이	셈하여 값을 얻는 것.
	쓰임	4+3을 計算하여 봅시다.

時計	훈음	때 **시**, 셀 **계**
	풀이	시간을 보는 기계.
	쓰임	時計가 가리키는 시각을 말해 봅시다.

교과서 한자어 자세히 알기

計劃
- **훈음** 셀 **계**, 그을 **획**
- **풀이** 어떤 일을 앞서서 생각해 놓음.
- **쓰임** 방학 計劃을 세워 봅시다.

時間
- **훈음** 때 **시**, 사이 **간**
- **풀이** 어떤 시각에서 다른 시각까지의 길이.
- **쓰임** 時間을 잘 지켜야 남에게 피해를 주지 않습니다.

式
- **훈음** 법 **식**
- **풀이** 계산을 하기 위해 세우는 법칙.
- **쓰임** 사과 4개에서 1개를 먹었을 때 나머지를 구하는 式은 4-1입니다.

午前
- **훈음**: 낮 **오**, 앞 **전**
- **풀이**: 자정부터 낮 12시까지의 시간.
- **쓰임**: 午前 수업이 끝나야 점심을 먹습니다.

午	前					
오	전					

午後
- **훈음**: 낮 **오**, 뒤 **후**
- **풀이**: 정오부터 밤 12시까지의 시간.
- **쓰임**: 午後에는 방과 후 활동도 합니다.

午	後					
오	후					

線
- **훈음**: 줄 **선**
- **풀이**: 그어놓은 금이나 줄.
- **쓰임**: 다음 線들을 이용하여 상상화를 그려 봅시다.

線						
선						

교과서 한자어 자세히 알기

교과서 한자어 자세히 알기

方法
- 훈음: 모 **방**, 법 **법**
- 풀이: 어떤 목적을 달성하기 위하여 취하는 수단.
- 쓰임: 두 친구를 화해시키는 方法은 무엇일까요?

環境
- 훈음: 고리 **환**, 지경 **경**
- 풀이: 우리를 둘러싸고 있는 주변.
- 쓰임: 環境을 오염시키는 것들이 무엇인지 말해 봅시다.

自然
- 훈음: 스스로 **자**, 그럴 **연**
- 풀이: 사람이 만들지 않고 스스로 생겨난 것.
- 쓰임: 自然을 보호하기 위해 우리가 할 수 있는 것은 무엇일까요?

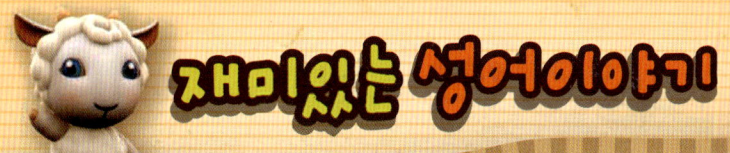

🟢 남녀노소(男女老少)

 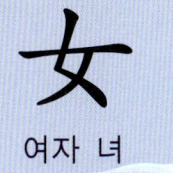  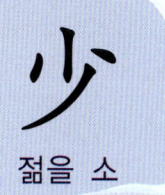

男 사내 남   女 여자 녀   老 늙을 로   少 젊을 소

'남자와 여자, 늙은이와 젊은이'란 뜻으로, 모든 사람을 가리키는 말입니다.

"한자는 남녀노소 할 것 없이 누구나 즐겁게 익힐 수 있습니다."

🟢 자업자득(自業自得)

自 스스로 자   業 일 업   自 스스로 자   得 얻을 득

'자신이 저지른 업(業)은 자신이 받게 된다.'는 뜻으로, 스스로 저지른 결과라는 뜻으로 많이 쓰입니다. 여기서 업(業)은 나쁜 일을 말합니다.

"욕심 많은 놀부는 흥부가 받은 여러 가지 재물이 탐이 나서, 제비의 다리를 부러뜨렸다가 다시 고쳐주고는, 흥부와 같은 선물을 받기를 원했습니다. 하지만, 제비가 물어다준 박씨에서 나온 것은 금은보화가 아니었습니다. 박을 가르자 그 안에서 무서운 도깨비들이 튀어나왔습니다. 도깨비들은 놀부의 잘못을 알고 크게 혼내주었습니다. 바로 이런 경우를 자업자득이라고 합니다."

셋째방 마무리 연습문제

🌼 **다음 한자의 훈(뜻)과 음(소리)을 쓰세요. (1~6)**

1. 江 (   )

2. 男 (   )

3. 兄 (   )

4. 天 (   )

5. 金 (   )

6. 目 (   )

🌼 **다음에 주어진 뜻에 해당하는 한자어를 <보기>의 한자를 활용하여 쓰세요. (7~11)**

보기
千 男 金 天 山 女 江 生 心

7. 하늘에서 타고난 것.   (   )

8. 강과 산, 자연의 경치.   (   )

9. 하늘의 뜻, 하늘의 한 가운데. (   )

10. 남자와 여자.   (   )

11. 많은 돈, 매우 귀중한 가치.   (   )

🌼 **다음 문장의 한자어를 바르게 읽은 독음을 골라 번호를 쓰세요. (12~17)**

12. 다음 模型들 중에서 같은 종류끼리 나눠 봅시다. (   )
    ① 모형 ② 유형 ③ 모양 ④ 도형

13. 숫자들을 순서대로 配列해 봅시다. (   )
    ① 계산 ② 배열 ③ 정렬 ④ 정리

14. 다음 符號들의 뜻을 알아봅시다. (   )
    ① 신호 ② 부호 ③ 용어 ④ 단어

15. 時間을 잘 지켜야 남에게 피해를 주지 않습니다. (   )
    ① 약속 ② 차례 ③ 순서 ④ 시간

16. 自然을 보호하기 위해 우리가 할 수 있는 것은 무엇일까요? (   )
    ① 자연 ② 환경 ③ 식물 ④ 동물

17. 두 친구를 화해시키는 方法은 무엇일까요? (   )
    ① 방안 ② 방법 ③ 방향 ④ 수법

🌼 **다음 질문에 알맞는 답을 <보기>에서 골라 번호를 쓰세요. (18~20)**

보기
① 生   ② 木   ③ 女   ④ 水

18. '目'과 소리가 같은 한자를 고르세요. (   )

19. '江'과 뜻이 비슷한 한자를 고르세요. (   )

20. '男'과 상대가 되는 한자를 고르세요. (   )

셋째방 정답 (30쪽으로)

정 답 (둘째방)

1. 날 생   2. 마음 심   3. 날 출   4. 들 입
5. 장인 공   6. 힘 력   7. 내 천   8. 生日
9. 自力   10. 出口   11. 入力   12. ①
13. ③   14. ②   15. ②   16. ②
17. ③   18. ①   19. ③   20. ②

한자자격시험 [7급]

연습문제

- 연습문제 1회
- 연습문제 2회
- 연습문제 3회
- 연습문제 4회
- 연습문제 5회
- 연습문제 6회
- 연습문제 7회

문제를 풀기 전에 꼭 알아두세요!!

♣ **시험시간은 몇 분인가요?**
  ☞ 60분입니다.

♣ **문제는 총 몇 개인가요?**
  ☞ 객관식 30개 주관식 20개
    모두 합해서 50개입니다.

♣ **합격은 몇 점인가요?**
  ☞ 70점(35개) 이상 맞아야 해요.

한자 자격시험 [7급] 연습문제 1회

객관식(1~30번)

● [   ] 안의 한자의 음(소리)으로 알맞은 것을 찾아 번호를 쓰세요.

1. [金]　　① 전　　② 금　　③ 백　　④ 황　　　（　　）
2. [女]　　① 남　　② 자　　③ 녀　　④ 모　　　（　　）
3. [小]　　① 대　　② 다　　③ 소　　④ 수　　　（　　）
4. [下]　　① 하　　② 상　　③ 중　　④ 역　　　（　　）
5. [六]　　① 입　　② 인　　③ 오　　④ 륙　　　（　　）

● [   ] 안의 뜻에 맞는 한자를 찾아 번호를 쓰세요.

6. [서다]　　① 二　　② 立　　③ 自　　④ 百　　（　　）
7. [힘]　　　① 力　　② 人　　③ 男　　④ 八　　（　　）
8. [흙]　　　① 工　　② 石　　③ 日　　④ 土　　（　　）
9. [마음]　　① 中　　② 足　　③ 心　　④ 女　　（　　）
10. [나무]　　① 水　　② 火　　③ 月　　④ 木　　（　　）

● [   ] 안의 한자어를 바르게 읽은 것을 찾아 번호를 쓰세요.

11. 버려진 쓰레기를 주워 [自然]을 보호합시다.　　　　　　（　　）
　　　① 환경　　② 동물　　③ 생물　　④ 자연

12. 운동장에서 [圓]을 그리고 앉아 수건돌리기를 했습니다.　（　　）
　　　① 변　　② 각　　③ 원　　④ 면

13. 양궁선수의 화살이 과녁에 [正確]히 명중했습니다.　　　（　　）
　　　① 정확　　② 정직　　③ 확실　　④ 명확

14. 새의 부리는 이와 입술의 [役割]을 합니다.　　　　　　（　　）
　　　① 역활　　② 기능　　③ 역할　　④ 작용

15. 점심 [時間]에 친구들과 고무줄놀이를 했습니다.　　　　（　　）
　　　① 시기　　② 시간　　③ 중간　　④ 시각

한자 자격시험 [7급] 연습문제 1회

16. 오늘 [午後] 4시에 친구들과 축구를 하기로 했습니다.   (   )
    ① 오전   ② 점심   ③ 정오   ④ 오후

17. 의문문의 끝에는 의문[符號]가 있어야 합니다.   (   )
    ① 기호   ② 신호   ③ 번호   ④ 부호

● [   ] 안의 뜻을 가진 한자를 <보기>에서 찾아 번호를 쓰세요.

<보기> ①手 ②出 ③生 ④工 ⑤天 ⑥石 ⑦自 ⑧足 ⑨入

18. 하늘에는 해님과 달님이 [살고] 있습니다.   (   )

19. 형이 문을 덜컥 열고 집에 [들어왔습니다].   (   )

20. 도자기를 빚는 [장인]의 손길에서 정성이 느껴집니다.   (   )

21. 형의 [손]에는 꽃이 들려있었습니다.   (   )

22. 선생님의 도움을 받지 않고 [스스로] 문제를 풀었습니다.   (   )

23. 친구가 길을 가다 [돌]에 걸려 넘어졌습니다.   (   )

24. 따뜻한 물에 [발]을 담그니 피로가 사라지는 것 같습니다.   (   )

25. 집에 돌아오자 강아지들이 달려 [나왔습니다].   (   )

26. [하늘]을 보니 기분이 상쾌해졌습니다.   (   )

● ○에 들어갈 알맞은 한자를 <보기>에서 찾아 번호를 쓰세요.

<보기> ①人 ②力 ③水 ④心

27. 우리 동네에 火○ 발전소가 세워질 예정입니다.   (   )

28. 한 발로 서서 몸의 中○을 잡았습니다.   (   )

한자 자격시험 [7급] 연습문제 1회

● [　] 안의 한자어의 뜻을 찾아 번호를 쓰세요.

29. [邊]　　　　　　　　　　　　　　　　　（　　　）
　　① 사람들 사이에서 내려오는 풍속.
　　② 어떤 것의 가장자리.
　　③ 모서리가 세 개인 도형.
　　④ 감정이나 생각을 리듬 있게 쓴 글.

30. [式]　　　　　　　　　　　　　　　　　（　　　）
　　① 계산하기 위해 세우는 법칙.
　　② 시간을 재거나 시각을 나타내는 기계.
　　③ 자기가 마땅히 하여야 할 임무.
　　④ 바르고 확실함.

주관식(31~50번)

● 한자의 훈(뜻)과 음(소리)을 〈보기〉와 같이 한글로 쓰세요.

〈보기〉	一　（ 한　일 ）

31. 千　（　　　　　　　）
32. 目　（　　　　　　　）
33. 江　（　　　　　　　）
34. 兄　（　　　　　　　）
35. 金　（　　　　　　　）
36. 男　（　　　　　　　）
37. 百　（　　　　　　　）
38. 川　（　　　　　　　）

한자 자격시험 [7급] 연습문제 1회

● 한자어의 독음(소리)을 〈보기〉와 같이 한글로 쓰세요.

〈보기〉　　一日　（ 일일 ）

39. 天生　　（　　　）
40. 手足　　（　　　）
41. 出入　　（　　　）
42. 石工　　（　　　）
43. 自立　　（　　　）
44. 土木　　（　　　）

● [　] 안의 한자어의 독음(소리)을 〈보기〉에서 찾아 쓰세요.

〈보기〉　체험　선심　환경　문법　체육　배열

45. 오늘은 학교 [體育]대회가 있는 날입니다.　　　　　　（　　　）
46. 남의 [善心]을 감사하게 생각해야 합니다.　　　　　　（　　　）
47. 교실의 책상이 가지런하게 [配列]되어 있습니다.　　　（　　　）
48. 어려운 [環境]에도 아이들은 밝고 씩씩했습니다.　　　（　　　）
49. 이번 농촌 봉사에서 직접 겪은 [體驗]을 바탕으로 글짓기를 했습니다.
　　　　　　　　　　　　　　　　　　　　　　　　　　（　　　）
50. 삼촌은 영어 [文法]을 공부하고 있습니다.　　　　　　（　　　）

한자 자격시험 [7급] 연습문제 2회

객관식(1~30번)

● [　] 안의 한자의 음(소리)으로 알맞은 것을 찾아 번호를 쓰세요.

1. [立]　① 립　　② 임　　③ 림　　④ 공　　（　　）
2. [九]　① 육　　② 칠　　③ 팔　　④ 구　　（　　）
3. [土]　① 사　　② 토　　③ 십　　④ 공　　（　　）
4. [王]　① 옥　　② 주　　③ 국　　④ 왕　　（　　）
5. [父]　① 남　　② 녀　　③ 부　　④ 모　　（　　）

● [　] 안의 뜻에 맞는 한자를 찾아 번호를 쓰세요.

6. [아래]　① 上　　② 下　　③ 工　　④ 口　　（　　）
7. [강]　① 江　　② 工　　③ 天　　④ 石　　（　　）
8. [가운데]　① 小　　② 日　　③ 中　　④ 兄　　（　　）
9. [나가다]　① 母　　② 出　　③ 五　　④ 立　　（　　）
10. [어머니]　① 女　　② 男　　③ 子　　④ 母　　（　　）

● [　] 안의 한자어를 바르게 읽은 것을 찾아 번호를 쓰세요.

11. 호랑이는 밤이 되자 [活動]을 시작했습니다.　　　　　（　　）
　　① 생활　　② 운동　　③ 사냥　　④ 활동

12. '눈 오는 날'을 주제로 [詩]을/를 썼습니다.　　　　　（　　）
　　① 글　　② 식　　③ 시　　④ 말

13. 누나의 생일을 축하해주려고 깜짝 파티를 [準備]했습니다.　（　　）
　　① 구비　　② 연습　　③ 진행　　④ 준비

14. 내일 아침 일찍 남해안으로 여행을 떠날 [計劃]입니다.　（　　）
　　① 계획　　② 예정　　③ 기획　　④ 계산

15. 미술 조각을 하기 전에 먼저 [模型]을 떠야 합니다.　　（　　）
　　① 형상　　② 모형　　③ 대상　　④ 모방

한자 자격시험 [7급] 연습문제 2회

16. 어머니께서 [三角形] 모양의 샌드위치를 만들어 주셨습니다. (   )
    ① 사각형   ② 삼직형   ③ 사직형   ④ 삼각형

17. 다음 이어질 내용을 [想像]해봅시다.   (   )
    ① 연상   ② 감상   ③ 상상   ④ 생각

● [   ] 안의 뜻을 가진 한자를 〈보기〉에서 찾아 번호를 쓰세요.

〈보기〉 ①手 ②自 ③入 ④天 ⑤百 ⑥足 ⑦金 ⑧力 ⑨生

18. 관중석에 [백]여 명이 앉아 있습니다.   (   )

19. 그는 올림픽에 출전하여 [금]메달을 땄습니다.   (   )

20. 닭이 알을 [낳자] 누나가 가져갔습니다.   (   )

21. 아버지의 두 [손]에 선물을 가득히 들고 오셨습니다.   (   )

22. 비행기가 [하늘] 높이 날아가고 있습니다.   (   )

23. 두 선수가 거의 동시에 결승점에 [들어왔습니다].   (   )

24. 그는 친구들의 응원에 [힘]을 얻었습니다.   (   )

25. 파랑새는 아침이 되자 [스스로] 일어났습니다.   (   )

26. 실수로 옆 사람의 [발]을 밟았습니다.   (   )

● ○에 들어갈 알맞은 한자를 〈보기〉에서 찾아 번호를 쓰세요.

〈보기〉 ①入 ②立 ③江 ④出

27. 동해에서 본 日○광경은 너무 멋졌습니다.   (   )

28. 우리나라의 ○山은 매우 아름답습니다.   (   )

● [   ] 안의 한자어의 뜻을 찾아 번호를 쓰세요.

29. [線]   (   )
　　① 위험이 없음, 또는 그러한 상태.
　　② 그어 놓은 금이나 줄.
　　③ 자기가 마땅히 하여야 할 임무.
　　④ 모르는 것이나 알고 싶은 것을 물음.

30. [整理]   (   )
　　① 흐트러지거나 혼란스러운 상태에 있는 것을 한데 모으거나 치워서
　　 질서 있는 상태가 되게 함.
　　② 배워서 익힘.
　　③ 힘차게 몸을 움직임.
　　④ 어떤 장소에서 벌어진 광경.

주관식(31~50번)

● 한자의 훈(뜻)과 음(소리)을 〈보기〉와 같이 한글로 쓰세요.

| 〈보기〉 | 一 　(한 　일) |

31. 工　(　　　　　　　)
32. 石　(　　　　　　　)
33. 兄　(　　　　　　　)
34. 男　(　　　　　　　)
35. 川　(　　　　　　　)
36. 心　(　　　　　　　)
37. 目　(　　　　　　　)
38. 千　(　　　　　　　)

한자 자격시험 [7급] 연습문제 2회

● 한자어의 독음(소리)을 <보기>와 같이 한글로 쓰세요.

<보기>	一日 (일일)

39. 百金   (   )

40. 生母   (   )

41. 手中   (   )

42. 天下   (   )

43. 入力   (   )

44. 自足   (   )

● [   ] 안의 한자어의 독음(소리)을 <보기>에서 찾아 쓰세요.

<보기>	자세 오전 학습 발음 장면 실감

45. 아나운서의 [發音]은 매우 정확합니다.   (   )

46. 연극배우의 [實感]나는 연기에 매우 감탄했습니다.   (   )

47. 잘못된 [姿勢]로 오래 앉아 있으면 허리가 굽을 수 있습니다.

(   )

48. 동생은 텔레비전에서 무서운 [場面]이 나오자 두 손으로 얼굴을 가렸습니다.   (   )

49. 선생님께서 칠판에 오늘의 [學習]목표를 써주셨습니다.   (   )

50. [午前] 10시에 친구들과 학교 운동장에서 축구를 하기로 약속했습니다.

(   )

한자 자격시험 [7급] 연습문제 3회

객관식(1~30번)

● [ ] 안의 한자의 음(소리)으로 알맞은 것을 찾아 번호를 쓰세요.

1. [川]　① 강　② 천　③ 삼　④ 주　　(　)
2. [石]　① 우　② 좌　③ 척　④ 석　　(　)
3. [金]　① 금　② 황　③ 백　④ 전　　(　)
4. [出]　① 입　② 공　③ 출　④ 산　　(　)
5. [母]　① 부　② 모　③ 남　④ 녀　　(　)

● [ ] 안의 뜻에 맞는 한자를 찾아 번호를 쓰세요.

6. [서다]　① 土　② 二　③ 立　④ 工　　(　)
7. [들어오다]　① 六　② 八　③ 人　④ 入　　(　)
8. [작다]　① 中　② 小　③ 下　④ 手　　(　)
9. [사내]　① 男　② 子　③ 力　④ 目　　(　)
10. [임금]　① 五　② 十　③ 王　④ 足　　(　)

● [ ] 안의 한자어를 바르게 읽은 것을 찾아 번호를 쓰세요.

11. [學年]이/가 올라가면 배워야 할 과목도 많습니다.　(　)
　　① 청년　② 학교　③ 학생　④ 학년

12. 지진이 발생하면 침착하게 [安全]한 곳으로 대피해야 합니다. (　)
　　① 안심　② 온전　③ 안전　④ 안정

13. 다음 식을 [計算]하여 봅시다.　(　)
　　① 계산　② 암산　③ 계획　④ 주산

14. 아버지는 매일 [規則]적으로 운동을 하십니다.　(　)
　　① 법칙　② 고정　③ 주기　④ 규칙

15. 날씨가 맑아서 멀리 있는 산도 [分明]하게 보였습니다.　(　)
　　① 선명　② 분명　③ 확실　④ 명확

한자 자격시험 [7급] 연습문제 3회

16. 선수들은 출발 [信號]와 함께 달리기 시작했습니다. (　　)
    ① 구호　　② 소리　　③ 암호　　④ 신호

17. 호기심이 많은 동생은 계속 [質問]을 합니다. (　　)
    ① 고민　　② 방문　　③ 질문　　④ 의문

● [ ] 안의 뜻을 가진 한자를 <보기>에서 찾아 번호를 쓰세요.

<보기>　①人　②手　③下　④心　⑤目　⑥工　⑦兄　⑧父　⑨生

18. [눈]이 나빠지지 않도록 바른 자세로 책을 읽습니다. (　　)
19. 시간이 늦었는데 [형]은 집에 돌아오지 않았습니다. (　　)
20. 옆집에는 영은이가 [살고] 있습니다. (　　)
21. 음식을 먹기 전에는 [손]을 깨끗이 씻어야 합니다. (　　)
22. [장인]의 기술은 하루아침에 만들어진 것이 아닙니다. (　　)
23. 산 [아래]에 조그만 마을이 있습니다. (　　)
24. 지난 일요일에 [아버지]와 함께 산에 올랐습니다. (　　)
25. 이번 뉴스는 많은 [사람]들을 놀라게 하였습니다. (　　)
26. 감사의 [마음]을 담아 열심히 편지를 썼습니다. (　　)

● ○에 들어갈 알맞은 한자를 <보기>에서 찾아 번호를 쓰세요.

<보기>　①人　②男　③兄　④入

27. 경호원들이 出○門을 지키고 있습니다. (　　)
28. 한 젊은 ○子가 가게로 들어왔습니다. (　　)

● [　　] 안의 한자어의 뜻을 찾아 번호를 쓰세요.

29. [時計]　　　　　　　　　　　　　　　　　　　(　　　)
　　① 학교에서 주로 수업에 쓰는 방.
　　② 어떤 시각에서 어떤 시각까지의 사이.
　　③ 시간을 재거나 시각을 나타내는 기계.
　　④ 일을 처리하거나 해결하여 나갈 방법이나 계획.

30. [民俗]　　　　　　　　　　　　　　　　　　　(　　　)
　　① 실제로 대하거나 체험한 느낌.
　　② 앞으로 할 일을 미리 헤아려 작정함.
　　③ 셈하여 값을 얻는 것.
　　④ 민간 생활과 결부된 습관, 풍속, 전승 문화 따위를 통틀어 이르는 말.

주관식(31~50번)

● 한자의 훈(뜻)과 음(소리)을 〈보기〉와 같이 한글로 쓰세요.

〈보기〉	一　（ 한　일 ）

31. 江　（　　　　　　　）
32. 百　（　　　　　　　）
33. 千　（　　　　　　　）
34. 天　（　　　　　　　）
35. 力　（　　　　　　　）
36. 自　（　　　　　　　）
37. 足　（　　　　　　　）
38. 金　（　　　　　　　）

한자 자격시험 [7급] 연습문제 3회

● 한자어의 독음(소리)을 <보기>와 같이 한글로 쓰세요.

<보기>　　　一日　(일일)

39. 目下　　(　　　　)
40. 父兄　　(　　　　)
41. 王立　　(　　　　)
42. 小心　　(　　　　)
43. 人生　　(　　　　)
44. 手工　　(　　　　)

● [　] 안의 한자어의 독음(소리)을 <보기>에서 찾아 쓰세요.

<보기>　　원　교실　방법　선　정직　실천

45. 누나가 종이비행기를 접는 [方法]을 알려주었습니다.　(　　　)

46. [正直]하고 바른 어린이가 되기 위해 노력합니다.　(　　　)

47. 백번 말하는 것보다 한번 [實踐]하는 것이 중요합니다.　(　　　)

48. 선생님이 [敎室]에 들어오시자 아이들은 책을 펴고 수업을 준비했습니다.　(　　　)

49. 아이가 운동장에 큰 [圓]을 그리며 놀고 있습니다.　(　　　)

50. 자를 이용하면 [線]을 똑바로 그을 수 있습니다.　(　　　)

한자 자격시험 [7급] 연습문제 4회

객관식(1~30번)

🔸 [　] 안의 한자의 음(소리)으로 알맞은 것을 찾아 번호를 쓰세요.

1. [天]　① 대　② 천　③ 하　④ 륙　　(　)
2. [力]　① 남　② 권　③ 도　④ 력　　(　)
3. [足]　① 구　② 형　③ 족　④ 수　　(　)
4. [十]　① 십　② 구　③ 팔　④ 집　　(　)
5. [七]　① 육　② 칠　③ 오　④ 사　　(　)

🔸 [　] 안의 뜻에 맞는 한자를 찾아 번호를 쓰세요.

6. [사람]　① 入　② 八　③ 人　④ 火　　(　)
7. [문]　① 門　② 五　③ 口　④ 四　　(　)
8. [서다]　① 王　② 土　③ 立　④ 白　　(　)
9. [달]　① 自　② 目　③ 日　④ 月　　(　)
10. [쇠]　① 女　② 金　③ 千　④ 六　　(　)

🔸 [　] 안의 한자어를 바르게 읽은 것을 찾아 번호를 쓰세요.

11. [體育]시간이 되자 아이들은 운동장으로 뛰쳐나갔습니다.　(　)
　　① 체조　② 체험　③ 실험　④ 체육

12. 당신의 [善心]에 깊은 감사를 드립니다.　(　)
　　① 성의　② 선량　③ 성심　④ 선심

13. 교실의 책상이 가지런하게 [配列]되어 있습니다.　(　)
　　① 배치　② 정렬　③ 배열　④ 진열

14. 할머니는 어려운 [環境]에서도 손자 둘을 잘 보살피셨습니다.　(　)
　　① 환경　② 상태　③ 경우　④ 상황

15. 사람의 [想像]력은 끝이 없습니다.　(　)
　　① 연상　② 상상　③ 잠재　④ 경쟁

연습문제 4회 73

한자 자격시험 [7급] 연습문제 4회

16. 내일 무엇을 할 [計劃]입니까? ( )
   ① 계산   ② 예정   ③ 계획   ④ 예산

17. 형은 방을 깨끗이 [整理]하였습니다. ( )
   ① 청소   ② 정리   ③ 관리   ④ 정돈

● [   ] 안의 뜻을 가진 한자를 〈보기〉에서 찾아 번호를 쓰세요.

〈보기〉 ①工 ②中 ③心 ④出 ⑤自 ⑥白 ⑦入 ⑧千 ⑨生

18. 태어나서 처음으로 해외에 [나갔습니다]. ( )

19. 바쁘신 [가운데] 와주셔서 감사합니다. ( )

20. 창문으로 한 줄기 햇빛이 [들어왔습니다]. ( )

21. 삼촌은 3년간 외국에서 [살다] 우리나라에 돌아왔습니다. ( )

22. 그는 유명한 기술로 존경을 받는 [장인]입니다. ( )

23. 사과 한 개에 [천] 원입니다. ( )

24. 각자의 일은 [스스로] 책임져야 합니다. ( )

25. 안 좋은 일을 [마음]에 담아 두면 병이 됩니다. ( )

26. 온 세상이 [하얀] 눈으로 뒤덮였습니다. ( )

● ○에 들어갈 알맞은 한자를 〈보기〉에서 찾아 번호를 쓰세요.

〈보기〉 ①日 ②立 ③月 ④金

27. 이 반지는 白○으로 만들어졌습니다. ( )

28. 심판은 中○을 지켜야 합니다. ( )

한자 자격시험 [7급] 연습문제 4회

● [ ] 안의 한자어의 뜻을 찾아 번호를 쓰세요.

29. [模型]   (   )
   ① 실제로 대하거나 체험한 느낌.
   ② 사람들 사이에서 내려오는 풍속.
   ③ 모양이 같은 물건을 만들기 위한 틀.
   ④ 감정이나 생각을 리듬 있게 쓴 글.

30. [自然]   (   )
   ① 사실의 경우나 형편.
   ② 사람이 만들지 않고 스스로 생겨난 것.
   ③ 힘차게 몸을 움직임.
   ④ 매우 귀중하고 소중함.

주관식(31~50번)

● 한자의 훈(뜻)과 음(소리)을 〈보기〉와 같이 한글로 쓰세요.

| 〈보기〉 | 一 (한 일) |

31. 石   (   )

32. 男   (   )

33. 目   (   )

34. 兄   (   )

35. 手   (   )

36. 江   (   )

37. 百   (   )

38. 川   (   )

한자 자격시험 [7급] 연습문제 4회

● 한자어의 독음(소리)을 <보기>와 같이 한글로 쓰세요.

<보기>   一日   (일일)

39. 九千   (   )
40. 木工   (   )
41. 自生   (   )
42. 月出   (   )
43. 人心   (   )
44. 入門   (   )

● [　] 안의 한자어의 독음(소리)을 <보기>에서 찾아 쓰세요.

<보기>   시간   부호   역할   문법   정확   오후

45. 그녀는 자신의 단점을 [正確]하게 알고 있습니다.   (   )

46. 선생님은 이번 공연에서 저의 [役割]이 가장 중요하다고 하셨습니다.
(   )

47. 점심 [時間]에 친구들과 농구를 하였습니다.   (   )

48. 친구와 내일 [午後] 2시에 공원에서 만나기로 하였습니다.
(   )

49. 이 [符號]는 반 박자를 쉬고 부르라는 표시입니다.   (   )

50. [文法]에 어긋난 문장을 바르게 고쳤습니다.   (   )

한자 자격시험 [7급] 연습문제 5회

객관식(1~30번)

● [　] 안의 한자의 음(소리)으로 알맞은 것을 찾아 번호를 쓰세요.

1. [立]　① 립　② 림　③ 이　④ 주　（　）
2. [千]　① 십　② 백　③ 천　④ 만　（　）
3. [九]　① 오　② 사　③ 칠　④ 구　（　）
4. [月]　① 일　② 월　③ 목　④ 자　（　）
5. [人]　① 입　② 인　③ 팔　④ 육　（　）

● [　] 안의 뜻에 맞는 한자를 찾아 번호를 쓰세요.

6. [마음]　① 川　② 水　③ 心　④ 火　（　）
7. [임금]　① 生　② 工　③ 土　④ 王　（　）
8. [스스로]　① 白　② 自　③ 百　④ 目　（　）
9. [가운데]　① 中　② 口　③ 四　④ 石　（　）
10. [나무]　① 下　② 十　③ 木　④ 上　（　）

● [　] 안의 한자어를 바르게 읽은 것을 찾아 번호를 쓰세요.

11. 삼각형의 [邊]은 세 개입니다.　（　）
　　① 원　② 선　③ 변　④ 각

12. 잘못된 [姿勢](으)로 오래 앉아 있으면 허리가 굽습니다.　（　）
　　① 모양　② 태도　③ 습관　④ 자세

13. 그것은 마치 영화 속의 한 [場面] 같습니다.　（　）
　　① 장식　② 풍경　③ 장면　④ 배경

14. 동생은 박물관으로 체험 [學習]을 갔습니다.　（　）
　　① 실습　② 학습　③ 행동　④ 활동

15. 우리는 내일 [午前] 9시에 도서관에서 만나기로 하였습니다.　（　）
　　① 오전　② 아침　③ 저녁　④ 오후

한자 자격시험 [7급] 연습문제 5회

16. 놀이기구를 타기 전에 [安全] 교육을 받았습니다. (   )
    ① 온전   ② 안정   ③ 안전   ④ 안보

17. 지혜는 돈을 들고 [計算]하러 갔습니다. (   )
    ① 산수   ② 계산   ③ 예산   ④ 정산

● [   ] 안의 뜻을 가진 한자를 〈보기〉에서 찾아 번호를 쓰세요.

〈보기〉   ①五 ②手 ③水 ④生 ⑤天 ⑥入 ⑦石 ⑧出 ⑨百

18. 화단에 함부로 [들어가면] 안 됩니다. (   )
19. 형은 멋있는 옷을 입고 밖으로 [나갔습니다]. (   )
20. 차가운 [물]로 세수를 하였습니다. (   )
21. 파랑새는 감사의 인사를 하고 [하늘]로 날아갔습니다. (   )
22. 산에 오른 뒤 아버지가 [돌]에 앉아 쉬고 계십니다. (   )
23. 내 동생은 올해 [다섯] 살입니다. (   )
24. 잠이 오지 않으면 일부터 [백]까지 세어보세요. (   )
25. 밖에 나갔다 돌아오면 [손]을 깨끗이 씻어야 합니다. (   )
26. 할머니는 아름다운 시골 마을에 [살고] 계십니다. (   )

● ○에 들어갈 알맞은 한자를 〈보기〉에서 찾아 번호를 쓰세요.

〈보기〉   ①水 ②心 ③百 ④自

27. 그는 ○中에 담아 두었던 말을 털어놓았습니다. (   )
28. 그는 자신이 어제 말했던 것이 모두 거짓말이었다고 ○白을 했습니다.
    (   )

한자 자격시험 [7급] 연습문제 5회

● [　] 안의 한자어의 뜻을 찾아 번호를 쓰세요.

29. [三角形]　　　　　　　　　　　　　　　　　(　　　)
    ① 어떤 것의 가장자리.
    ② 틀림없이 확실하게.
    ③ 모서리가 세 개인 도형.
    ④ 시간을 재거나 시각을 나타내는 기계.

30. [圓]　　　　　　　　　　　　　　　　　　(　　　)
    ① 모양이 같은 물건을 만들기 위한 틀.
    ② 학교에서 주로 수업에 쓰는 방.
    ③ 면 위에 길게 그어 놓은 금.
    ④ 둥글게 그려진 모양이나 형태. 동그라미.

주관식(31~50번)

● 한자의 훈(뜻)과 음(소리)을 <보기>와 같이 한글로 쓰세요.

| <보기> | 一　(한 일) |

31. 男　(　　　　　　　)

32. 目　(　　　　　　　)

33. 兄　(　　　　　　　)

34. 江　(　　　　　　　)

35. 川　(　　　　　　　)

36. 力　(　　　　　　　)

37. 足　(　　　　　　　)

38. 工　(　　　　　　　)

한자 자격시험 [7급] 연습문제 5회

● 한자어의 독음(소리)을 <보기>와 같이 한글로 쓰세요.

<보기>	一日 (일일)

39. 木手   (   )

40. 石山   (   )

41. 五百   (   )

42. 天王   (   )

43. 出入   (   )

44. 生水   (   )

● [   ] 안의 한자어의 독음(소리)을 <보기>에서 찾아 쓰세요.

<보기>	준비 식 발음 학년 선 활동

45. 점과 점 사이를 이으면 [線]이 됩니다.   (   )

46. 응용문제를 풀 때는 먼저 [式]을 써 보아야 합니다.   (   )

47. [學年]이 올라갈수록 배울 과목도 더 많아집니다.   (   )

48. 어머니는 주말마다 보육원에서 봉사 [活動]을 하고 계십니다.
                                                    (   )

49. 내일 음악 수업의 [準備]물은 리코더입니다.   (   )

50. 동생은 아직 어려 [發音]이 정확하지 않습니다.   (   )

한자 자격시험 [7급] 연습문제 6회

객관식(1~30번)

● [　] 안의 한자의 음(소리)으로 알맞은 것을 찾아 번호를 쓰세요.

1. [足]　① 수　② 족　③ 형　④ 제　　（　　）
2. [工]　① 토　② 왕　③ 오　④ 공　　（　　）
3. [立]　① 립　② 장　③ 병　④ 임　　（　　）
4. [中]　① 사　② 구　③ 중　④ 가　　（　　）
5. [山]　① 매　② 산　③ 천　④ 강　　（　　）

● [　] 안의 뜻에 맞는 한자를 찾아 번호를 쓰세요.

6. [여자]　① 男　② 女　③ 子　④ 母　　（　　）
7. [물]　① 火　② 木　③ 水　④ 六　　（　　）
8. [희다]　① 白　② 百　③ 日　④ 目　　（　　）
9. [형]　① 足　② 兄　③ 口　④ 中　　（　　）
10. [손]　① 金　② 心　③ 十　④ 手　　（　　）

● [　] 안의 한자어를 바르게 읽은 것을 찾아 번호를 쓰세요.

11. 정해진 순서대로 의자를 [配列]하였습니다.　　（　　）
　　① 배분　② 배정　③ 배열　④ 배치

12. [環境] 보호를 위해 우리가 할 수 있는 일을 찾아봅시다.　（　　）
　　① 주변　② 풍경　③ 배경　④ 환경

13. 우리는 내일 남해안으로 여행을 떠날 [計劃]입니다.　（　　）
　　① 계획　② 예정　③ 생각　④ 계산

14. 할머니는 앞마당을 [整理]하고 계십니다.　　（　　）
　　① 정돈　② 정리　③ 청소　④ 관리

15. 방학 숙제로 [模型] 비행기를 만들었습니다.　　（　　）
　　① 소형　② 대형　③ 모방　④ 모형

한자 자격시험 [7급] 연습문제 6회

16. 이 시는 [自然]의 아름다움을 노래하고 있습니다. (   )
    ① 자연   ② 경치   ③ 광경   ④ 천연
17. 화살이 목표물에 [正確]하게 명중되었습니다. (   )
    ① 확실   ② 정당   ③ 정확   ④ 명확

● [   ] 안의 뜻을 가진 한자를 <보기>에서 찾아 번호를 쓰세요.

<보기>　①力　②千　③出　④人　⑤金　⑥入　⑦石　⑧土　⑨男

18. 약속 시간에 맞추어 모임 장소에 [나갔습니다]. (   )
19. 나무를 심고 주위의 [흙]을 밟아주었습니다. (   )
20. 형은 소리 없이 살금살금 문으로 [들어왔습니다]. (   )
21. 그는 [천] 원으로 아이스크림을 샀습니다. (   )
22. 옛날 [사람]들은 부싯돌을 이용하여 불을 붙였습니다. (   )
23. 학교 유리창에 누군가가 [돌]을 던졌습니다. (   )
24. 성호는 친구들의 응원에 [힘]을 얻었습니다. (   )
25. 고모는 어제 [사내] 아이를 낳았습니다. (   )
26. 할아버지는 시간을 [금]같이 소중히 여기십니다. (   )

● ○에 들어갈 알맞은 한자를 <보기>에서 찾아 번호를 쓰세요.

<보기>　①手　②口　③兄　④立

27. 木○는 책상을 만들기 위하여 나무를 자르고 있습니다. (   )
28. 시골에 계신 父○의 기대에 보답하기 위해서라도 열심히 공부를 하고 있습니다. (   )

한자 자격시험 [7급] 연습문제 6회

● [   ] 안의 한자어의 뜻을 찾아 번호를 쓰세요.

29. [體驗]   (   )
    ① 여러 사람이 다 같이 지키기로 작정한 법칙.
    ② 일정한 운동 따위를 통하여 신체를 튼튼하게 단련시키는 일.
    ③ 자기가 몸소 겪음. 또는 그런 경험.
    ④ 실제로 체험하는 느낌.

30. [善心]   (   )
    ① 위험을 무릅쓰고 어떠한 일을 함. 또는 그 일.
    ② 자기가 마땅히 하여야 할 맡은 바 직책이나 임무.
    ③ 일정한 범위에 흩어져 퍼져 있음.
    ④ 선량한 마음. 남에게 베푸는 후한 마음.

주관식(31~50번)

● 한자의 훈(뜻)과 음(소리)을 〈보기〉와 같이 한글로 쓰세요.

| 〈보기〉 | 一 (한 일) |

31. 江 (   )

32. 心 (   )

33. 自 (   )

34. 百 (   )

35. 天 (   )

36. 生 (   )

37. 目 (   )

38. 川 (   )

한자 자격시험 [7급] 연습 문제 6회

● 한자어의 독음(소리)을 <보기>와 같이 한글로 쓰세요.

<보기>   一日   (일일)

39. 男女   (   )
40. 入水   (   )
41. 千金   (   )
42. 出土   (   )
43. 白石   (   )
44. 人力   (   )

● [ ] 안의 한자어의 독음(소리)을 <보기>에서 찾아 쓰세요.

<보기>   부호   역할   실감   시간   문법   오후

45. 아버지는 회사에서 중요한 [役割]을 하고 계십니다.   (   )

46. 친구는 수업 [時間] 동안 계속 졸았습니다.   (   )

47. 아침에 맑던 하늘이 [午後]가 되면서 흐려졌습니다.   (   )

48. 이 문장에는 인용 [符號]를 넣어야 합니다.   (   )

49. 저는 3시간 만에 이 문장의 [文法] 구조를 이해하였습니다.
    (   )

50. 제가 1등을 하였다는 것이 [實感]나지 않습니다.   (   )

한자 자격시험 [7급] 연습문제 7회

객관식(1~30번)

● [　] 안의 한자의 음(소리)으로 알맞은 것을 찾아 번호를 쓰세요.

1. [出] 　① 출　② 입　③ 토　④ 주　　（　）
2. [火] 　① 수　② 목　③ 화　④ 금　　（　）
3. [日] 　① 월　② 일　③ 목　④ 백　　（　）
4. [手] 　① 면　② 십　③ 족　④ 수　　（　）
5. [兄] 　① 자　② 매　③ 형　④ 제　　（　）

● [　] 안의 뜻에 맞는 한자를 찾아 번호를 쓰세요.

6. [발] 　① 口　② 足　③ 中　④ 四　　（　）
7. [사람] 　① 入　② 六　③ 人　④ 立　　（　）
8. [나무] 　① 木　② 土　③ 火　④ 十　　（　）
9. [살다] 　① 五　② 天　③ 王　④ 生　　（　）
10. [장인] 　① 二　② 工　③ 三　④ 山　　（　）

● [　] 안의 한자어를 바르게 읽은 것을 찾아 번호를 쓰세요.

11. 이것은 좋은 [方法]이 아니라고 생각합니다.　　（　）
　　① 문법　② 대안　③ 방안　④ 방법

12. 아버지는 항상 [正直]한 삶을 강조하십니다.　　（　）
　　① 성실　② 정당　③ 정직　④ 공정

13. [重要]한 부분에 줄을 그었습니다.　　（　）
　　① 중요　② 중대　③ 소중　④ 필요

14. [教室]에서 공을 가지고 놀면 안 됩니다.　　（　）
　　① 실내　② 학교　③ 교실　④ 욕실

15. 산을 오르다 번개가 치면 [安全]한 곳으로 대피해야 합니다.　（　）
　　① 온전　② 안전　③ 안정　④ 안심

한자 자격시험 [7급] 연습문제 7회

16. 문제를 풀고 다시 한번 꼼꼼히 [計算]을 하였습니다. ( )
    ① 계획   ② 환산   ③ 암산   ④ 계산

17. 그는 [發音]이 분명하고 목소리가 우렁찹니다. ( )
    ① 음성   ② 발음   ③ 자음   ④ 모음

● [ ] 안의 뜻을 가진 한자를 〈보기〉에서 찾아 번호를 쓰세요.

〈보기〉 ①六 ②石 ③江 ④千 ⑤立 ⑥入 ⑦口 ⑧中 ⑨百

18. 그는 서당에서 [천]자문을 외우고 있습니다. ( )
19. 낯선 사람이 집에 [들어오자] 개가 짖었습니다. ( )
20. 오늘 모인 사람만 [백] 명이 넘습니다. ( )
21. [입]에 쓴 것이 몸에는 약이 됩니다. ( )
22. 노인은 나룻배를 타고 [강]을 건넜습니다. ( )
23. 그는 어려운 [가운데]서도 남을 돕는 착한 사람이다. ( )
24. 이번 달에 읽어야 할 책이 [여섯] 권이나 됩니다. ( )
25. 도착한 순서대로 줄을 [섰습니다]. ( )
26. 연못에 [돌]을 던졌습니다. ( )

● ○에 들어갈 알맞은 한자를 〈보기〉에서 찾아 번호를 쓰세요.

〈보기〉 ①生 ②火 ③石 ④水

27. 남자는 아기의 出○을 앞두고 매우 긴장하고 있습니다. ( )
28. 그는 木○같은 사람이라 전혀 감정이 없습니다. ( )

● [　] 안의 한자어의 뜻을 찾아 번호를 쓰세요.

29. [想像]　　　　　　　　　　　　　　　　　　　　(　　)
　　① 실제로 체험하는 느낌.
　　② 어떤 사물이나 현상을 보고 느낀 바를 쓴 글.
　　③ 실제로 경험하지 않은 현상이나 사물에 대하여 마음속으로 그려 봄.
　　④ 어떤 장소에서 벌어진 광경.

30. [詩]　　　　　　　　　　　　　　　　　　　　　(　　)
　　① 감정이나 생각을 리듬 있게 쓴 글.
　　② 입장이나 태도 따위를 드러내는 말.
　　③ 정보를 전달하거나 지시를 함.
　　④ 산이나 들, 강, 바다 따위의 자연이나 지역의 모습.

주관식(31~50번)

● 한자의 훈(뜻)과 음(소리)을 〈보기〉와 같이 한글로 쓰세요.

〈보기〉	一　(한 일)

31. 男　(　　　　　　)
32. 金　(　　　　　　)
33. 力　(　　　　　　)
34. 心　(　　　　　　)
35. 自　(　　　　　　)
36. 天　(　　　　　　)
37. 目　(　　　　　　)
38. 川　(　　　　　　)

한자 자격시험 [7급] 연습문제 7회

● 한자어의 독음(소리)을 <보기>와 같이 한글로 쓰세요.

<보기>　　　一日　（　일일　）

39. 江水　　（　　　　）
40. 人工　　（　　　　）
41. 八百　　（　　　　）
42. 六千　　（　　　　）
43. 入口　　（　　　　）
44. 中立　　（　　　　）

● [　] 안의 한자어의 독음(소리)을 <보기>에서 찾아 쓰세요.

<보기>　　시계　신호　민속　분명　질문　규칙

45. [規則]적인 생활은 건강에 좋습니다.　　　　　　　　（　　　）

46. 자기의 생각을 [分明]하게 표현할 수 있어야 합니다.　（　　　）

47. 어머니와 저는 횡단보도에서 [信號]가 바뀌기를 기다리며 서 있었습니다.　　　　　　　　　　　　　　　　　　　　　　（　　　）

48. 풀리지 않는 수학 문제를 선생님께 [質問]하였습니다.　（　　　）

49. [時計]를 보니 벌써 아홉 시가 넘었습니다.　　　　　（　　　）

50. [民俗]촌은 외국인 관광객들이 많이 찾는 곳입니다.　（　　　）

한자실력급수 자격시험 〈1〉

(문제지 겸 답안지)

급수	7급		
문항수	50	객	30
		주	20
시험시간	60분		
감독위원	(서명)		

수험번호	-	-	-
생년월일	년	월	일
성명(이름)		점수 (채점위원만 기록)	

수험생 유의 사항

1. 문제지의 급수가 맞는지 확인하세요.
2. 수험번호, 생년월일, 성명(이름)을 정확하게 쓰세요.
3. 감독 선생님의 설명을 듣고 문제를 푸세요.
4. 정답을 바르고 보기 좋게 쓰세요.
5. 필기구는 연필 또는 볼펜을 사용합니다.
6. 답을 고칠 때는 지우개로 지우고 다시 쓰거나, 두 줄로 긋고 그 옆에 다시 쓰세요.
7. 마지막 문제 50번까지 꼭 확인하세요.
8. 궁금한 것이 있으면 조용히 손을 들어 감독 선생님을 찾으세요.

■ 시험이 끝나면 감독위원에게 꼭 제출하세요 !

社團法人 漢字敎育振興會
韓國漢字實力評價院

한자실력급수 자격시험 **7급** 기출문제 〈1〉

객관식 (1~30번)

※ [   ] 안의 한자의 음(소리)으로 알맞은 것을 찾아 번호를 쓰세요.

1. [白]　　　　　(　　)
   ① 백　② 일　③ 목　④ 자

2. [中]　　　　　(　　)
   ① 동　② 중　③ 산　④ 생

3. [九]　　　　　(　　)
   ① 칠　② 족　③ 구　④ 육

4. [工]　　　　　(　　)
   ① 강　② 상　③ 왕　④ 공

5. [出]　　　　　(　　)
   ① 찰　② 산　③ 출　④ 천

※ [   ] 안의 뜻에 맞는 한자를 찾아 번호를 쓰세요.

6. [쇠]　　　　　(　　)
   ① 金　② 男　③ 川　④ 出

7. [강]　　　　　(　　)
   ① 工　② 立　③ 江　④ 上

8. [작다]　　　　(　　)
   ① 下　② 小　③ 三　④ 火

9. [여자]　　　　(　　)
   ① 六　② 女　③ 父　④ 十

10. [손]　　　　　(　　)
    ① 千　② 水　③ 足　④ 手

※ [   ] 안의 한자어를 바르게 읽은 것을 찾아 번호를 쓰세요.

11. 여행에 필요한 물건들을 [準備]해서 가방에 넣었습니다.
    (　　)
    ① 마련　② 구입　③ 점검　④ 준비

12. 미래의 내 모습을 [想像]해보았습니다.　　　　(　　)
    ① 상상　② 모형　③ 분명　④ 선심

13. 이 전자[時計]는 시침과 분침이 없습니다.　　　　(　　)
    ① 부호　② 오후　③ 시계　④ 중요

14. 사각형은 네 개의 [邊]을 가지고 있습니다.　　　　(　　)
    ① 선　② 원　③ 변　④ 식

15. 폭설을 피해 [安全]한 곳으로 대피했습니다.　　　　(　　)
    ① 장면　② 안전　③ 선심　④ 안심

16. 수업이 끝나고 궁금한 부분을 선생님께 [質問]하였습니다.
    (　　)
    ① 학교　② 교정　③ 복도　④ 질문

17. 더불어 사는 지구를 만들기 위해 자연 [環境]을 보호해야 합니다.
    (　　)
    ① 환경　② 생물　③ 체험　④ 규칙

※ [　　] 안의 뜻을 가진 한자를 〈보기〉에서 찾아 번호를 쓰세요.

〈보기〉	①天 ②山 ③入 ④土 ⑤兄 ⑥水 ⑦三 ⑧目 ⑨子

18. 부드러운 [흙]으로 화분을 채웠습니다. (　　)

19. [하늘]에 뭉게구름이 떠 있습니다. (　　)

20. [형]과 함께 맛있는 요리를 나누어 먹었습니다. (　　)

21. 수도꼭지에서 [물]이 새지 않도록 꼭 잠갔습니다. (　　)

22. 참새 [세] 마리가 나무 아래로 내려와 앉았습니다. (　　)

23. 강아지와 함께 산책을 마치고 집으로 [들어]왔습니다. (　　)

24. 이 계곡은 선녀가 [아들]을 데려와 목욕을 했다는 전설이 있습니다. (　　)

25. [산]의 정상에 올라가 우리 마을을 내려다보았습니다. (　　)

26. 커다란 소라껍데기를 귀에다 대고 [눈]을 감으니 바다의 파도소리가 들리는 듯 합니다. (　　)

※ ○에 들어갈 알맞은 한자를 〈보기〉에서 찾아 번호를 쓰세요.

〈보기〉	① 小　② 七　③ 王　④ 上

27. 여자임금을 '女○'이라고 합니다. (　　)

28. 일주일은 ○日입니다. (　　)

※ [　　] 안의 한자어의 뜻을 찾아 번호를 쓰세요.

29. [學習]　(　　)
① 매우 귀중하고 소중함.
② 매우 아름다운 배경.
③ 배우고 익힘.
④ 수를 헤아림.

30. [實感]　(　　)
① 계산을 하기 위해 세우는 법칙.
② 바르고 확실함.
③ 학교에서 주로 수업에 쓰는 방.
④ 실제로 체험하는 느낌.

뒷면에 있는 문제도 꼭 풀어주세요
➔ ➔ ➔ ➔ ➔

주관식 (31~50번)

※ 한자의 훈(뜻)과 음(소리)을 〈보기〉와 같이 한글로 쓰세요.

〈보기〉	一 (하나 일)

31. 自 (   )

32. 門 (   )

33. 下 (   )

34. 足 (   )

35. 千 (   )

36. 川 (   )

37. 石 (   )

38. 男 (   )

※ 한자어의 독음(소리)을 〈보기〉와 같이 한글로 쓰세요.

〈보기〉	一日 (일일)

39. 生水 (   )

40. 人心 (   )

41. 五百 (   )

42. 出口 (   )

43. 四月 (   )

44. 火力 (   )

※ [   ] 안의 한자어의 독음(소리)을 〈보기〉에서 찾아 쓰세요.

〈보기〉	계산　　자세　　정직 학년　　신호　　규칙

45. 신호등을 건널 때는 [信號]가 바뀌면 주위를 꼭 살피고 건너야 합니다.　(   )

46. 학교에서 집까지 가는 길의 거리를 [計算]해 보았습니다.
(   )

47. 부모님이나 선생님께 [正直]하고 예의바르게 말씀드려야 합니다.
(   )

48. 친구들과 운동 경기를 할 때는 [規則]을 잘 지켜야합니다.
(   )

49. 누나는 5[學年]입니다.
(   )

50. 어른께서 말씀하시면 바른 [姿勢]로 앉아서 귀를 기울여야 합니다.
(   )

- 수고하셨습니다 -

한자실력급수 자격시험 <2>

(문제지 겸 답안지)

급수		7급
문항수	50	객 30
		주 20
시험시간		60분
감독위원		(서명)

수험번호		-		-		-		
생년월일		년		월		일
성명(이름)				(채점위원만 기록) 점수

수험생 유의 사항

1. 문제지의 급수가 맞는지 확인하세요.
2. 수험번호, 생년월일, 성명(이름)을 정확하게 쓰세요.
3. 감독 선생님의 설명을 듣고 문제를 푸세요.
4. 정답을 바르고 보기 좋게 쓰세요.
5. 필기구는 연필 또는 볼펜을 사용합니다.
6. 답을 고칠 때는 지우개로 지우고 다시 쓰거나, 두 줄로 긋고 그 옆에 다시 쓰세요.
7. 마지막 문제 50번까지 꼭 확인하세요.
8. 궁금한 것이 있으면 조용히 손을 들어 감독 선생님을 찾으세요.

■ 시험이 끝나면 감독위원에게 꼭 제출하세요!

社團法人 漢字教育振興會
韓國漢字實力評價院

한자실력급수 자격시험 **7급** 기출문제 〈2〉

객관식 (1~30번)

※ [　] 안의 한자의 음(소리)으로 알맞은 것을 찾아 번호를 쓰세요.

1. [金]　　　　　(　　)
   ① 금　② 토　③ 목　④ 수
2. [小]　　　　　(　　)
   ① 대　② 소　③ 중　④ 팔
3. [子]　　　　　(　　)
   ① 형　② 모　③ 부　④ 자
4. [七]　　　　　(　　)
   ① 구　② 십　③ 칠　④ 오
5. [江]　　　　　(　　)
   ① 강　② 공　③ 삼　④ 수

※ [　] 안의 뜻에 맞는 한자를 찾아 번호를 쓰세요.

6. [임금]　　　　(　　)
   ① 四　② 王　③ 三　④ 一
7. [어머니]　　　(　　)
   ① 門　② 女　③ 父　④ 母
8. [여섯]　　　　(　　)
   ① 六　② 九　③ 口　④ 火
9. [여덟]　　　　(　　)
   ① 日　② 入　③ 八　④ 人
10. [나무]　　　 (　　)
    ① 千　② 木　③ 目　④ 手

※ [　] 안의 한자어를 바르게 읽은 것을 찾아 번호를 쓰세요.

11. [文法]에 맞게 문장을 고쳐 써 봅시다.　　　　(　　)
    ① 문법　② 부호　③ 역할　④ 질문
12. 화살이 [正確]히 과녁 한가운데에 꽂혔습니다.　(　　)
    ① 조용　② 확실　③ 정확　④ 정직
13. 우리는 [自然]과 함께 살아갑니다.　　　　　(　　)
    ① 가정　② 자연　③ 가족　④ 생물
14. 약속 [時間]은 반드시 지켜야 합니다.　　　(　　)
    ① 사항　② 주간　③ 장소　④ 시간
15. 제기차기는 [民俗]놀이 중 하나입니다.　　　(　　)
    ① 토속　② 민간　③ 풍속　④ 민속
16. 숫자들을 순서대로 [配列]해 봅시다.　　　　(　　)
    ① 모형　② 실감　③ 배열　④ 활동
17. 가족과 함께 여름휴가 [計劃]을 세웠습니다.　(　　)
    ① 규칙　② 계획　③ 계산　④ 시간

※ [   ] 안의 뜻을 가진 한자를 〈보기〉에서 찾아 번호를 쓰세요.

| 〈보기〉 | ①足 ②目 ③人 ④生 ⑤手 ⑥下 ⑦自 ⑧石 ⑨川 |

18. 동생이 [돌]에 걸려 넘어졌습니다. (   )

19. 아기의 [눈]은 매우 맑습니다. (   )

20. 음식을 먹기 전에는 [손]을 깨끗이 씻어야 합니다. (   )

21. [내]가 모여 강을 이룹니다. (   )

22. 땅이 단단해지도록 [발]로 꽉꽉 눌렀습니다. (   )

23. 엄마 돼지가 새끼를 열 마리나 [낳았습니다]. (   )

24. 각자의 일은 [스스로] 책임져야 합니다. (   )

25. 친구들이 나무 그늘 [아래]서 쉬고 있었습니다. (   )

26. 운동장에 [사람]들이 가득 모여 있었습니다. (   )

※ ○에 들어갈 알맞은 한자를 〈보기〉에서 찾아 번호를 쓰세요.

| 〈보기〉 | ① 火 ② 七 ③ 出 ④ 上 |

27. 아버지는 섬마을에서 ○生하셨습니다. (   )

28. 텔레비전에서 ○山이 폭발하는 모습을 보았습니다. (   )

※ [   ] 안의 한자어의 뜻을 찾아 번호를 쓰세요.

29. [方法] (   )
① 자신이 부족한 부분을 배우고 익힘.
② 어떤 목적을 이루기 위해 취하는 수단.
③ 우리를 둘러싸고 있는 주위 모든 환경.
④ 모양이 같은 물건을 만들기 위한 틀.

30. [整理] (   )
① 귀중하고 요긴함.
② 미리 마련하여 갖춤.
③ 가지런하게 바로 잡음.
④ 생생한 느낌.

뒷면에 있는 문제도 꼭 풀어주세요
➡ ➡ ➡ ➡ ➡

주관식 (31~50번)

※ 한자의 훈(뜻)과 음(소리)을 〈보기〉와 같이 한글로 쓰세요.

〈보기〉	一 (하나 일)

31. 兄 (   )

32. 力 (   )

33. 立 (   )

34. 心 (   )

35. 百 (   )

36. 天 (   )

37. 土 (   )

38. 入 (   )

※ 한자어의 독음(소리)을 〈보기〉와 같이 한글로 쓰세요.

〈보기〉	一日 (일일)

39. 石工 (   )

40. 白金 (   )

41. 男女 (   )

42. 木手 (   )

43. 自立 (   )

44. 目下 (   )

※ [   ] 안의 한자어의 독음(소리)을 〈보기〉에서 찾아 쓰세요.

〈보기〉	교실 발음 체험 선심 중요 장면

45. 다른 사람의 [善心]을 고맙게 생각해야 합니다. (   )

46. 어제 꿈에서 본 [場面]을 그림으로 그렸습니다.
 (   )

47. 말을 할 때 [發音]이 또렷해야 알아듣기 쉽습니다.
 (   )

48. 선생님은 [重要]한 부분에 밑줄을 그어주셨습니다.
 (   )

49. 다함께 [敎室] 청소를 하였습니다. (   )

50. 산으로 자연 [體驗]학습을 갔습니다. (   )

- 수고하셨습니다 -

한자실력급수 자격시험 〈3〉

(문제지 겸 답안지)

급수	7급		수험번호		-		-		-		
문항수	50	객	30	생년월일			년		월		일
		주	20								
시험시간	60분		성명(이름)					(채점위원만 기록) 점수			
감독위원	(서명)										

수험생 유의 사항

1. 문제지의 급수가 맞는지 확인하세요.
2. 수험번호, 생년월일, 성명(이름)을 정확하게 쓰세요.
3. 감독 선생님의 설명을 듣고 문제를 푸세요.
4. 정답을 바르고 보기 좋게 쓰세요.
5. 필기구는 연필 또는 볼펜을 사용합니다.
6. 답을 고칠 때는 지우개로 지우고 다시 쓰거나,
   두 줄로 긋고 그 옆에 다시 쓰세요.
7. 마지막 문제 50번까지 꼭 확인하세요.
8. 궁금한 것이 있으면 조용히 손을 들어 감독 선생님을 찾으세요.

■ 시험이 끝나면 감독위원에게 꼭 제출하세요 !

社團法人 漢字敎育振興會
韓國漢字實力評價院

한자실력급수 자격시험 **7급** 기출문제 〈3〉

객관식 (1~30번)

※ [ ] 안의 한자의 음(소리)으로 알맞은 것을 찾아 번호를 쓰세요.

1. [入]
① 천 ② 토 ③ 입 ④ 수 ( )

2. [手]
① 선 ② 수 ③ 발 ④ 모 ( )

3. [下]
① 륙 ② 생 ③ 칠 ④ 하 ( )

4. [五]
① 오 ② 우 ③ 백 ④ 형 ( )

5. [月]
① 자 ② 일 ③ 월 ④ 목 ( )

※ [ ] 안의 뜻에 맞는 한자를 찾아 번호를 쓰세요.

6. [쇠]
① 子 ② 金 ③ 手 ④ 入 ( )

7. [나다]
① 百 ② 七 ③ 口 ④ 生 ( )

8. [돌]
① 石 ② 足 ③ 門 ④ 十 ( )

9. [손]
① 小 ② 心 ③ 手 ④ 天 ( )

10. [형]
① 兄 ② 土 ③ 立 ④ 江 ( )

※ [ ] 안의 한자어를 바르게 읽은 것을 찾아 번호를 쓰세요.

11. 하루 동안 쓴 돈을 [計算]해보았습니다. ( )
① 짐작 ② 생각 ③ 예측 ④ 계산

12. 늘 [正直]하게 살아야 합니다. ( )
① 신실 ② 정직 ③ 중요 ④ 실감

13. [規則]적인 생활 습관을 갖는 것이 좋습니다. ( )
① 규칙 ② 일상 ③ 반복 ④ 계획

14. 홍수를 피해 [安全]한 곳으로 대피했습니다. ( )
① 위험 ② 배열 ③ 안전 ④ 분명

15. 나의 미래를 [想像]하며 그림을 그렸습니다. ( )
① 상상 ② 존중 ③ 질문 ④ 실감

16. 바른 [姿勢]로 앉아서 수업을 들었습니다. ( )
① 태도 ② 형태 ③ 위치 ④ 자세

17. 달리기 전에 [準備] 운동을 했습니다. ( )
① 실험 ② 체육 ③ 준비 ④ 연습

※ [ ] 안의 뜻을 가진 한자를 〈보기〉에서 찾아 번호를 쓰세요.

〈보기〉	①土 ②木 ③火 ④入 ⑤心 ⑥江 ⑦天 ⑧百 ⑨七

18. 아흔아홉에 하나를 더하면 딱 [**일백**]이 됩니다. (　　)

19. 건조한 겨울에는 산[**불**]이 나지 않도록 더 조심해야 합니다. (　　)

20. 나룻배를 타고 [**강**]을 건넜습니다. (　　)

21. [**하늘**]에 구름이 두둥실 떠다닙니다. (　　)

22. 어려운 사람을 보면 도와줄 수 있는 착한 [**마음**]씨를 지녀야 합니다. (　　)

23. 체육 수업을 마치고 친구들과 교실로 [**들어**]왔습니다. (　　)

24. 비가 그치고 나서 [**일곱**] 빛깔 무지개가 나타났습니다. (　　)

25. 삽으로 상자에 [**흙**]을 퍼 담았습니다. (　　)

26. 아버지께서 [**나무**]를 깎아 만든 장난감을 선물로 주셨습니다. (　　)

※ ○에 들어갈 알맞은 한자를 〈보기〉에서 찾아 번호를 쓰세요.

〈보기〉	①立 ②母 ③力 ④四

27. 선생님께서 물레방아를 예로 들어 水○ 발전의 원리를 설명해 주셨습니다. (　　)

28. 이곳 王○ 미술관에는 세계 여러 나라의 예술 작품들이 전시되어 있습니다. (　　)

※ [ ] 안의 한자어의 뜻을 찾아 번호를 쓰세요.

29. [**詩**] (　　)
① 그어놓은 금이나 줄.
② 감정이나 생각을 리듬 있게 쓴 글.
③ 우리를 둘러싸고 있는 주변.
④ 어떤 시각에서 어떤 시각까지의 사이.

30. [**實感**] (　　)
① 실제로 체험하는 느낌.
② 모르거나 의심나는 점을 물음.
③ 여러 사람이 다 같이 지키기로 작정한 법칙.
④ 자기가 마땅히 하여야 할 맡은 바 직책이나 임무.

뒷면에 있는 문제도 꼭 풀어주세요
➜ ➜ ➜ ➜ ➜

주관식 (31~50번)

※ 한자의 훈(뜻)과 음(소리)을 <보기>와 같이 한글로 쓰세요.

<보기>	一 (하나 일)

31. 工 (   )

32. 自 (   )

33. 足 (   )

34. 川 (   )

35. 千 (   )

36. 目 (   )

37. 出 (   )

38. 男 (   )

※ 한자어의 독음(소리)을 <보기>와 같이 한글로 쓰세요.

<보기>	一日 (일일)

39. 中心 (   )

40. 江山 (   )

41. 天上 (   )

42. 三百 (   )

43. 人生 (   )

44. 父兄 (   )

※ [   ] 안의 한자어의 독음(소리)을 <보기>에서 찾아 쓰세요.

<보기>	질문 활동 분명 체육 부호 학년

45. 문장 [符號]에는 마침표, 느낌표 등이 있습니다.
(   )

46. [體育] 시간에 줄넘기를 했습니다.   (   )

47. 우리 누나는 6 [學年]입니다.
(   )

48. 방학 동안 친구들과 함께 다양한 봉사 [活動]을 했습니다.
(   )

49. [分明]하게 나의 생각을 말했습니다.   (   )

50. 선생님의 설명을 듣고 궁금한 점을 [質問]했습니다.
(   )

- 수고하셨습니다 -

한자실력급수 자격시험 〈4〉

(문제지 겸 답안지)

급수	7급		
문항수	50	객	30
		주	20
시험시간	60분		
감독위원	(서명)		

수험번호	- - -
생년월일	년 월 일
성명(이름)		점수 (채점위원만 기록)

수험생 유의 사항

1. 문제지의 급수가 맞는지 확인하세요.
2. 수험번호, 생년월일, 성명(이름)을 정확하게 쓰세요.
3. 감독 선생님의 설명을 듣고 문제를 푸세요.
4. 정답을 바르고 보기 좋게 쓰세요.
5. 필기구는 연필 또는 볼펜을 사용합니다.
6. 답을 고칠 때는 지우개로 지우고 다시 쓰거나, 두 줄로 긋고 그 옆에 다시 쓰세요.
7. 마지막 문제 50번까지 꼭 확인하세요.
8. 궁금한 것이 있으면 조용히 손을 들어 감독 선생님을 찾으세요.

■ 시험이 끝나면 감독위원에게 꼭 제출하세요!

社團法人 漢字敎育振興會
韓國漢字實力評價院

한자실력급수 자격시험 7급 기출문제 〈4〉

객관식 (1~30번)

※ [　] 안의 한자의 음(소리)으로 알맞은 것을 찾아 번호를 쓰세요.

1. [立]
① 오 ② 목 ③ 립 ④ 천 (　　)

2. [自]
① 일 ② 구 ③ 백 ④ 자 (　　)

3. [入]
① 입 ② 인 ③ 팔 ④ 일 (　　)

4. [六]
① 팔 ② 사 ③ 수 ④ 륙 (　　)

5. [力]
① 도 ② 석 ③ 력 ④ 구 (　　)

※ [　] 안의 뜻에 맞는 한자를 찾아 번호를 쓰세요.

6. [입]
① 目 ② 口 ③ 自 ④ 門 (　　)

7. [작다]
① 百 ② 火 ③ 小 ④ 工 (　　)

8. [사내]
① 出 ② 母 ③ 山 ④ 男 (　　)

9. [위]
① 上 ② 土 ③ 下 ④ 八 (　　)

10. [아들]
① 父 ② 子 ③ 足 ④ 石 (　　)

※ [　] 안의 한자어를 바르게 읽은 것을 찾아 번호를 쓰세요.

11. 장난감을 잘 [整理]해 두었습니다. (　　)
① 정리 ② 수리 ③ 승리 ④ 요리

12. 다음 글을 [正確]하게 소리 내어 읽어 봅시다. (　　)
① 정직 ② 정확 ③ 정식 ④ 정밀

13. 버스가 출발하자 비로소 여행을 가고 있다는 것을 [實感]했습니다. (　　)
① 실감 ② 실증 ③ 감격 ④ 경험

14. [文法]에 맞게 문장을 고쳐 써 봅시다. (　　)
① 부호 ② 역할 ③ 준비 ④ 문법

15. 약속 [時間]은 반드시 지켜야 합니다. (　　)
① 시각 ② 시간 ③ 안전 ④ 오전

16. 숫자들을 순서대로 [配列]하였습니다. (　　)
① 배열 ② 활동 ③ 모형 ④ 자세

17. 손을 들고 [質問]을 하였습니다. (　　)
① 체험 ② 질문 ③ 선심 ④ 연습

※ [ ] 안의 뜻을 가진 한자를 〈보기〉에서 찾아 번호를 쓰세요.

〈보기〉	① 一 ② 日 ③ 三 ④ 足 ⑤ 金 ⑥ 中 ⑦ 白 ⑧ 山 ⑨ 木

18. 삼촌은 [날]마다 새벽에 조깅을 합니다. ( )

19. 나는 [나무]로 만든 그릇이 쇠그릇보다 좋습니다. ( )

20. [발]이 눈 속에 파묻혀 걸을 수가 없었습니다. ( )

21. 광장 [가운데]에 있는 시계탑에서 만나기로 했습니다. ( )

22. 사과나무에는 꽃이 [하얗게] 피고 있었습니다. ( )

23. 눈을 감고 [하나]부터 열까지 숫자를 세었습니다. ( )

24. 이 종은 [쇠]를 녹여 만들었습니다. ( )

25. 나무꾼이 거짓말을 하자 [산]신령이 뿅하고 사라졌습니다. ( )

26. 우리 식구 [셋]이서 정답게 걷다 보니 행복했습니다. ( )

※ ○에 들어갈 알맞은 한자를 〈보기〉에서 찾아 번호를 쓰세요.

〈보기〉	① 心 ② 母 ③ 門 ④ 月

27. 크리스마스는 12○ 25日입니다. ( )

28. 아버지와 오빠는 등산을 갔고 집에는 ○女만이 남아 있었습니다. ( )

※ [ ] 안의 한자어의 뜻을 찾아 번호를 쓰세요.

29. [學習] ( )
 ① 수를 헤아림.
 ② 배워서 익힘.
 ③ 셈하여 값을 얻는 것.
 ④ 모르거나 의심나는 점을 물음.

30. [場面] ( )
 ① 어떤 뜻을 나타내는 기호.
 ② 어떤 장소에서 벌어진 광경.
 ③ 계산을 하기 위해 세우는 법칙.
 ④ 사람이 만들지 않고 스스로 생겨난 것.

뒷면에 있는 문제도 꼭 풀어주세요
→ → → → →

주관식 (31~50번)

※ 한자의 훈(뜻)과 음(소리)을 〈보기〉와 같이 한글로 쓰세요.

〈보기〉	一 (하나 일)

31. 二 (   )
32. 手 (   )
33. 江 (   )
34. 出 (   )
35. 川 (   )
36. 五 (   )
37. 石 (   )
38. 兄 (   )

※ 한자어의 독음(소리)을 〈보기〉와 같이 한글로 쓰세요.

〈보기〉	一日 (일일)

39. 天王 (   )
40. 四十 (   )
41. 生水 (   )
42. 三千 (   )
43. 人心 (   )
44. 木工 (   )

※ [   ] 안의 한자어의 독음(소리)을 〈보기〉에서 찾아 쓰세요.

〈보기〉	계획 중요 분명 체육 교실 상상

45. [敎室]에서 그림을 그렸습니다. (   )

46. [體育] 시간에 축구 시합을 했습니다. (   )

47. 하고 싶은 말을 [分明]하게 전달해야 합니다. (   )

48. 동생과 함께 겨울방학 [計劃]을 세웠습니다. (   )

49. 나의 미래를 [想像]하며 글짓기를 하였습니다. (   )

50. 선생님은 [重要]한 부분에 밑줄을 그어주셨습니다. (   )

- 수고하셨습니다 -

한자자격시험 [7급]

모범답안

★ 연습문제 모범답안 1~7

★ 기출문제 모범답안 1~4

한자 자격시험 [7급] 연습문제 모범답안

연습문제 <1> 답안

객관식

1	②	6	②	11	④	16	④	21	①	26	⑤
2	③	7	①	12	③	17	④	22	⑦	27	②
3	③	8	④	13	①	18	③	23	⑥	28	④
4	①	9	③	14	③	19	⑨	24	⑧	29	②
5	④	10	④	15	②	20	④	25	②	30	①

주관식

31	일천 천	36	사내 남	41	출입	46	선심
32	눈 목	37	일백 백	42	석공	47	배열
33	강 강	38	내 천	43	자립	48	환경
34	형/맏 형	39	천생	44	토목	49	체험
35	쇠 금, 성 김	40	수족	45	체육	50	문법

연습문제 <2> 답안

객관식

1	①	6	②	11	④	16	④	21	①	26	⑥
2	④	7	①	12	③	17	③	22	④	27	④
3	②	8	③	13	④	18	⑤	23	③	28	③
4	④	9	②	14	①	19	⑦	24	⑧	29	②
5	③	10	④	15	②	20	⑨	25	②	30	①

주관식

31	장인 공	36	마음 심	41	수중	46	실감
32	돌 석	37	눈 목	42	천하	47	자세
33	맏/형 형	38	일천 천	43	입력	48	장면
34	사내 남	39	백금	44	자족	49	학습
35	내 천	40	생모	45	발음	50	오전

한자 자격시험 [7급] 연습문제 모범답안

연습문제 <3> 답안

객관식

1	②	6	③	11	④	16	④	21	②	26	④
2	④	7	④	12	③	17	③	22	⑥	27	④
3	①	8	②	13	①	18	⑤	23	③	28	②
4	③	9	①	14	④	19	⑦	24	⑧	29	③
5	②	10	③	15	②	20	⑨	25	①	30	④

주관식

31	강 강	36	스스로 자	41	왕립	46	정직
32	일백 백	37	발 족	42	소심	47	실천
33	일천 천	38	쇠 금, 성 김	43	인생	48	교실
34	하늘 천	39	목하	44	수공	49	원
35	힘 력	40	부형	45	방법	50	선

연습문제 <4> 답안

객관식

1	②	6	③	11	④	16	③	21	⑨	26	⑥
2	④	7	①	12	④	17	②	22	①	27	④
3	③	8	③	13	③	18	④	23	⑧	28	②
4	①	9	④	14	①	19	②	24	⑤	29	③
5	②	10	②	15	②	20	⑦	25	③	30	②

주관식

31	돌 석	36	강 강	41	자생	46	역할
32	사내 남	37	일백 백	42	월출	47	시간
33	눈 목	38	내 천	43	인심	48	오후
34	맏/형 형	39	구천	44	입문	49	부호
35	손 수	40	목공	45	정확	50	문법

한자 자격시험 [7급] 연습문제 모범답안

연습문제 〈5〉 답안

객관식

1	①	6	③	11	③	16	③	21	⑤	26	④
2	③	7	④	12	④	17	②	22	⑦	27	②
3	④	8	②	13	③	18	⑥	23	①	28	④
4	②	9	①	14	②	19	⑧	24	⑨	29	③
5	②	10	③	15	①	20	③	25	②	30	④

주관식

31	사내 남	36	힘 력	41	오백	46	식
32	눈 목	37	발 족	42	천왕	47	학년
33	맏/형 형	38	장인 공	43	출입	48	활동
34	강 강	39	목수	44	생수	49	준비
35	내 천	40	석산	45	선	50	발음

연습문제 〈6〉 답안

객관식

1	②	6	②	11	③	16	①	21	②	26	⑤
2	④	7	③	12	④	17	③	22	④	27	①
3	①	8	①	13	①	18	③	23	⑦	28	③
4	③	9	②	14	②	19	⑧	24	①	29	③
5	②	10	④	15	④	20	⑥	25	⑨	30	④

주관식

31	강 강	36	날 생	41	천금	46	시간
32	마음 심	37	눈 목	42	출토	47	오후
33	스스로 자	38	내 천	43	백석	48	부호
34	일백 백	39	남녀	44	인력	49	문법
35	하늘 천	40	입수	45	역할	50	실감

한자 자격시험 [7급] 연습문제 모범답안

연습문제 <7> 답안

객관식

1	①	6	②	11	④	16	④	21	⑦	26	②
2	③	7	③	12	③	17	②	22	③	27	①
3	②	8	①	13	①	18	④	23	⑧	28	③
4	④	9	④	14	③	19	⑥	24	①	29	③
5	③	10	②	15	②	20	⑨	25	⑤	30	①

주관식

31	사내 남	36	하늘 천	41	팔백	46	분명
32	쇠 금, 성 김	37	눈 목	42	육천	47	신호
33	힘 력	38	내 천	43	입구	48	질문
34	마음 심	39	강수	44	중립	49	시계
35	스스로 자	40	인공	45	규칙	50	민속

기출문제 <1> 답안

객관식

1	①	6	①	11	④	16	④	21	⑥	26	⑧
2	②	7	③	12	①	17	①	22	⑦	27	③
3	③	8	②	13	③	18	④	23	③	28	②
4	④	9	②	14	③	19	①	24	⑨	29	③
5	③	10	④	15	②	20	⑤	25	②	30	④

주관식

31	스스로 자	36	내 천	41	오백	46	계산
32	문 문	37	돌 석	42	출구	47	정직
33	아래 하	38	사내 남	43	사월	48	규칙
34	발 족	39	생수	44	화력	49	학년
35	일천 천	40	인심	45	신호	50	자세

기출문제 <2> 답안

객관식

1	①	6	②	11	①	16	③	21	⑨	26	③
2	②	7	④	12	③	17	②	22	①	27	③
3	④	8	①	13	②	18	⑧	23	④	28	①
4	③	9	③	14	④	19	②	24	⑦	29	②
5	①	10	②	15	④	20	⑤	25	⑥	30	③

주관식

31	맏/형 형	36	하늘 천	41	남녀	46	장면
32	힘 력	37	흙 토	42	목수	47	발음
33	설 립	38	들 입	43	자립	48	중요
34	마음 심	39	석공	44	목하	49	교실
35	일백 백	40	백금	45	선심	50	체험

한자 자격시험 [7급] 기출문제 모범답안

기출문제 <3> 답안

객관식

1	③	6	②	11	④	16	④	21	⑦	26	②
2	②	7	④	12	②	17	③	22	⑤	27	③
3	④	8	①	13	①	18	⑧	23	④	28	①
4	①	9	③	14	③	19	③	24	⑨	29	②
5	③	10	①	15	①	20	⑥	25	①	30	①

주관식

31	장인 공	36	눈 목	41	천상	46	체육
32	스스로 자	37	날/나갈 출	42	삼백	47	학년
33	발 족	38	사내 남	43	인생	48	활동
34	내 천	39	중심	44	부형	49	분명
35	일천 천	40	강산	45	부호	50	질문

기출문제 <4> 답안

객관식

1	③	6	②	11	①	16	①	21	⑥	26	③
2	④	7	③	12	②	17	②	22	⑦	27	④
3	①	8	④	13	①	18	②	23	①	28	②
4	④	9	①	14	④	19	⑨	24	⑤	29	②
5	③	10	②	15	②	20	④	25	⑧	30	②

주관식

31	두 이	36	다섯 오	41	생수	46	체육
32	손 수	37	돌 석	42	삼천	47	분명
33	강 강	38	맏/형 형	43	인심	48	계획
34	날 출	39	천왕	44	목공	49	상상
35	내 천	40	사십	45	교실	50	중요